《教你炒股票》系列之六

学会

怎样学习炒股

短线王国 著

地震出版社
Seismological Press

图书在版编目（CIP）数据

学会怎样学习炒股 / 短线王国著 .—北京：地震出版社，2015.8
ISBN 978-7-5028-4616-9

Ⅰ . ①学…　Ⅱ . ①短…　Ⅲ . ①股票投资—基本知识　Ⅳ . ① F830.91
中国版本图书馆 CIP 数据核字 (2015) 第 083170 号

地震版　XM3495

学会怎样学习炒股
短线王国　著
责任编辑：朱　叶
责任校对：凌　樱

出版发行：地　震　出　版　社
北京市海淀区民族大学南路 9 号　　邮编：100081
发行部：68423031　68467993　　传真：88421706
门市部：68467991　　传真：68467991
总编室：68462709　68423029　　传真：68455221
证券图书事业部：68426052　68470332
http://www.dzpress.com.cn
E-mail：zqbj68426052@163.com

经销：全国各地新华书店
印刷：三河市利兴印刷有限公司

版（印）次：2015 年 8 月第一版　2015 年 8 月第一次印刷
开本：710 × 1000　1/16
字数：118 千字
印张：8.5
书号：ISBN 978-7-5028-4616-9/F（5309）
定价：28.00 元

目 录

前　言

不做股盲

看联合国教科文组织出版的《学会生存》，有一句话印象比较深刻："未来的文盲不是目不识丁的人，而是没有学会怎样学习的人。"随着时代的推进、发展，现在的文盲不再仅仅是目不识丁了；如同八九十年代的"万元户"是富裕的象征，而今却代表不了富裕，甚至含有贬义。那么，现在的股盲呢，不是那些不知道K线、均线、指标的投资者，而是那些不知道走势背后的原因，学习了但没有学会怎样学习的投资者！

达尔文说过："最好的学习是关于学习方法的学习"。学会学习，其实是学习"会学"，学会学习（学会认知）比学习具体知识更为重要。然而，受传统教育思想的影响，大多数人被枷锁套住，不能融会贯通。

2013年班长在新浪博客（百度搜索"短线王国新浪博客"）连载了"春、夏、秋、冬四季战法"的冬季战法《龙战于渊——涨停的股会再涨停》。不少同学反馈学完课程如醍醐灌顶，对交易有了新的认识、对操作豁然开朗。当然，这跟班长写的教材通俗易懂、深入浅出有一定关系，但更大关系是什么？我们不妨回看2013年，想一想！同样的课程，同样的班长、同样的股票、同样的学习、同样的走势、同样的买卖点、同样的交易，不同的结果，原因何在呢？正是学习者与学习者之间学习能力的差异，怎样学习、学会怎样学习决定了操作结果！所以，有了这本《学会怎样学习炒股》。

第一章

明确学习的目的
认识学习的本质

我们可以选择漫无目的的生活，但市场是有限的市场，生命更是有限的生命。我们进入这个市场，肯定不是毫无目的性的，而是为了获利，怎么获利？是个问题。赚谁的钱？凭什么你获利他亏损？又是个问题！你也许会说，凭的是我在学习，我在坚持不断的学习。只是，在我们生命当中的这个阶段，我们无疑都想要学习、也都在学习，并不是只有你在学习。

那么，起决定性的根本因素是什么？在有限的时间里，就看谁的学习效率高！看谁更会学习，看谁掌握了运用学来的知识的技能！这是第一节的重点，也是本书的核心，这是同学们学习此书应有的认识：学习就是为了掌握运作知识的技能。

当然，这个技能很容易被理解成把理论从书本上搬下来运用的技能，但这只是一方面，另一方面是如何发现知识、掌握知识。未来的文盲不是目不识丁的人，而是没有学会怎样学习的人。那些终日忙着操作却一无所获的股民是“股盲”。但现在的股盲也不再是那些不会炒股、不懂走势，不愿学习的投资者了，而是会炒股但不是真正会、懂走势但没有懂到本质、学习了但没有学会怎样学习的投资者！放眼望去，这样的人很多，而学会学习就是让你从股盲中跳出来，做一个真正的交易者，懂股票，会学习，知道操作的是什么，交易的明明白白。

第一节 学会和自己聊聊

学会学习，是为了再造学习，是学会怎样学习，是学会融会贯通；学习是为了将能力突飞猛进地提高，使操作事半功倍。如何从走势中学习？如何从操作中学习？如何从生活中学习？如何从经验中学习？

唯有掌握了运用知识的技能，才能通过学习已有的知识，掌握学习的方式方法，总结经验发现新的问题，研究新的内容，获取新的知识，推动个人能力不断前进，打破瓶颈突破枷锁，成功晋级到常胜级老手。

而如何掌握运用好知识的技能是一个系统性的问题，由内到外，再由外及内。这一节，我们不妨就从和自己聊聊、同自己对话开始。

同学们都炒股多长时间了？不用说，因为我们要和自己聊聊。和自己聊聊，问问自己炒股多少年头了？自己是怎样学习的？学到了什么？学习方法有没有问题？有没有找到好的学习方式？

当然，这只是和自己最基本最常见的“聊”。而我们这一节是围绕八个字：“望”“闻”“问”“切”“融”“会”“贯”“通”；通过这八个字让同学们跟自己聊，同自己对话，最终达到学会学习，学会怎样学习炒股，掌握运用知识的技能！

当然了，和自己聊聊，不仅仅是心中的你，那不过是你认为的你，真正的你是什么样？所谓镜中花、水中月，走势反映一切，走势也自然能反映出你的内心，我们还要和走势中的那个你聊一聊。这就像同一首歌曲，或者同样的旅程，你在不同的时期，不同的阶段去听、去看时，感受是不一样的。这就是为什么班长说走势里也有你，我们可以来和走势中的自己聊聊，和自己聊聊是为了什么？为什么要和自己聊聊？

在和走势中的自己聊之前，班长先来说说何为“望”“闻”“问”“切”。“望”，指观走势气色；“闻”，指听走势节奏；“问”，指问自己目的；“切”，指按节奏操作。

有了“望、闻、问、切”，那么在看走势图时如何“望、闻、问、切”？当然，该如何“望、闻、问、切”，不是班长告诉你的，而是班长陪着你，通过例子股找到“望、闻、问、切”的方法，然后你自己告诉自己该怎么去做。

一个你在市场外，一个你在市场内，市场外的你观察市场内的你，市场内的你观察市场外的你。所以，我们仅仅是带着“望、闻、问、切”来看股吗？显然不是。我们看懂了股，更看懂了自己。同样，如果我们看不懂股，意味着我们把自己也看模糊了。

第一股：新开源 300109

如图 1–1，“望”走势气色，“闻”走势节奏，“问”自己目的，“切”节奏操作，那么，走势气色如何观？走势节奏如何听？自己目的如何问？节奏操作是什么？

有同学可能会说新开源和其他例子股，都是班长精心挑选的吧？其实不是，班长只是随机选了几只股。因为操作者自己是存在的，而存在无处不在。随便一只股，你只要看，会看，都能从走势中看到自己。

见利忘义不是一个好的词，但是见股起利心，起利心忘记风险却时常发生在我们身上，只是我们没有察觉，或者说察觉了你却没有静下心去面对。

见股起利心，利欲熏心不怕，怕的是我们还不能从中醒悟。现在我们和自己聊聊，同自己对话，从走势开始，就是要解决这个症结！

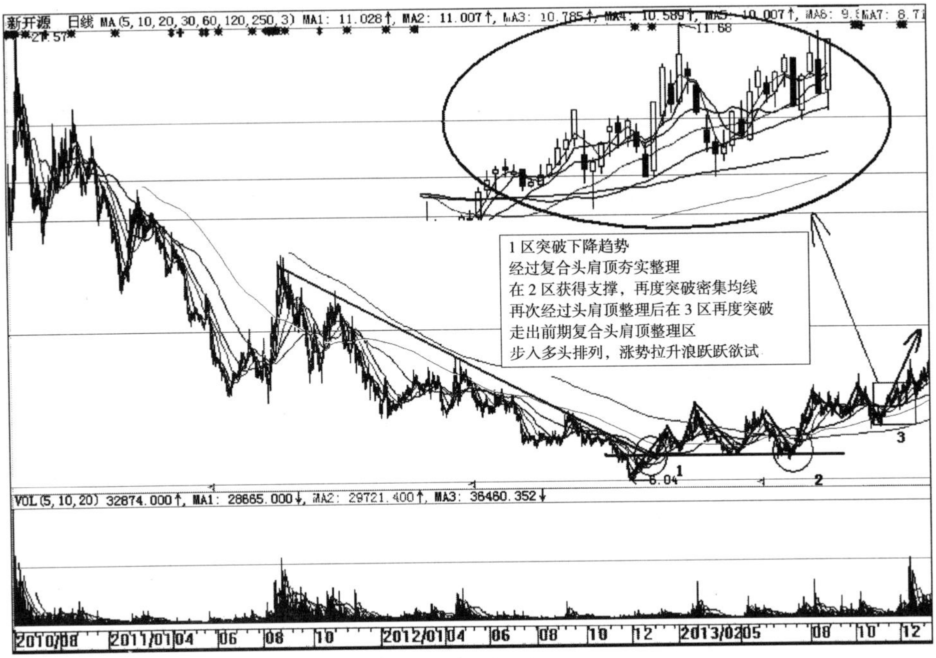

图 1–1　新开源 300109

首先，见股起利心。你看见班长发一只股，你觉得是好股，你希望它是暴涨牛股，因为你需要牛股、好股。既然“见股起利心”了，为什么不问问好股的标准是什么呢？或者它具备不具备起飞的基本条件呢？好股的标准是什么，起飞的基本条件是什么，后面班长会逐一讲解，这里先假设你是知道标准的。

那么，你为何会“见股起利心”？当你面对一只股，你只需要拿着标准对照，看它是否是“好股”不就一目了然了？因为你不知道标准，或者知道但不确定，或者确定但对走势存在幻想。

这就是在走势里和自己聊聊，同自己对话。你是你看到的一个你，走势里反映出来的你是一个你，你想成为的你是另外一个你，这是三码事。这三码事如果不搞清楚，你怎么能会学习？你怎么能会运用知识？你怎么能把技能运用的恰到好处？

明明是熊途，你却幻想着牛股，然后按照牛股方法操作，怎么能行？

明明是牛股，你却因为觉得要跌而担心，结果是观战观战再观战，牛股一牛再牛涨个不停，直到你忍不住时，也是牛股牛到尽头时，你却终于忍不住出手。究竟是技能有问题，还是你有问题？操作是这样，看走势的你是这样，学技能的你也是这样！

那么，当图 1-1 摆在你面前，我们就要对它的走势"望、闻、问、切"。1 区突破下降趋势，经过经典形态复合头肩顶的夯实整理，在 2 区获得支撑，再度突破密集均线，再次经过头肩顶整理后在 3 区再度突破,走出前期复合头肩顶的整理区,步入多头排列,涨势拉升浪跃跃欲试。

对股的"望、闻、问、切"班长说了，通过走势中反映的自己，对自己的"望、闻、问、切"是什么呢？这个问题留给同学们先想想，第二节班长再展开，我们不能一口吃成个胖子，好饭慢慢吃，好汤慢慢煲，循序渐进。

第二股：利君股份 002651

如图 1-2 所示，经过经典形态复合头肩底的 2、3 区的跃跃欲试后，在 4 区突破了水平阻挡 1 的压制，突破后形成 5 区小双底的回踩，回踩后拉升浪跃跃欲试。对股的"望、闻、问、切"就不说了，对看走势中的自己，有哪些问题呢？按照前面"见股起利心"的逻辑继续下去。有"见股起利心"并不可怕，重要的是我们如何通过面对"见股起利心"的自己，进而认识自己，了解自己，超越自己。

这就像平常同学们最常说的，就怪太贪了，但是贪有错吗？没错，错的只是你贪错了时机。在不该贪的时候贪了，在该贪的时候怂了。

图 1-2 中，你如果见股思涨了没错，顺着和自己聊下去就好了。走势里的你想涨、想获利，那么问问场外的你，走势本身是否具备了上涨的条件？不具备的话差什么？具备的话又要注意什么？如此一步一步问答下去，你的操作还会混沌一片吗？

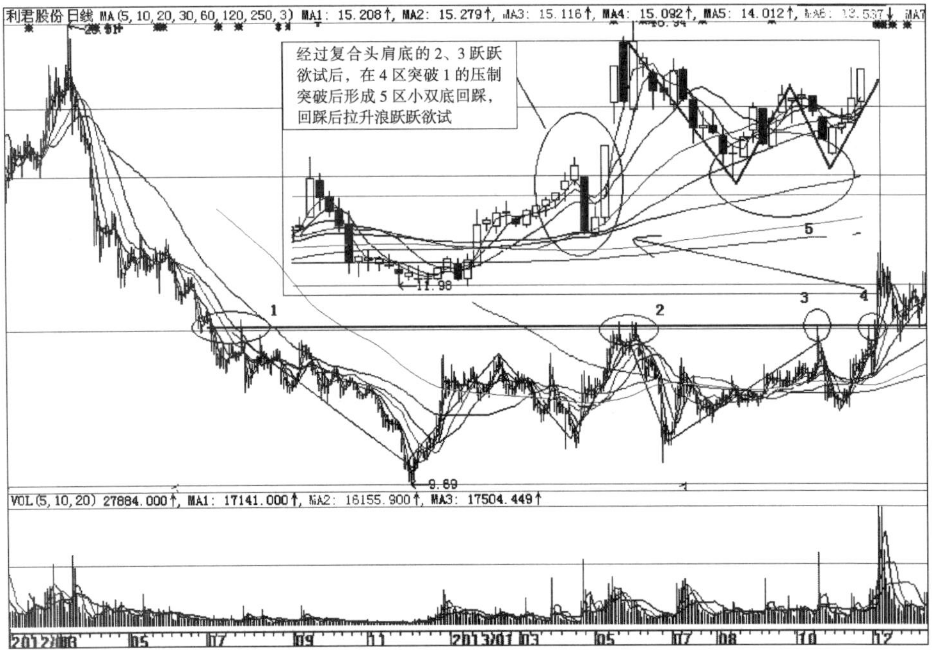

图 1–2　利君股份 002651

第三股：汉威电子 300007

当图 1–3 汉威电子的走势摆在你面前，看走势不是永远围绕着买不买、卖不卖。会学习的，善学习的，无论从什么当中都能找到有助于自己的信息，有助于自己的信息不仅仅是可不可以操作，操作赚多少的问题，还有对自己的学习有没有帮助，帮助有多大。

昨天（2014 年 1 月 12 日）班长在博文《一类股跃跃欲试呼之欲出》里放了 5 只股，今天，4 只上涨 1 只下跌，涨跌比是多少？今天大盘涨了跌了？两市涨跌家数比是多少？

5 只股，上涨数占到 80% 且涨幅非常不错，而两市上涨数占两市股票数还不到五成。班长说这些当然不是显摆的，班长不需要这些，而是要你看到后要问一问自己，想过为什么没有？为什么自己没有想？班长选的这些股的上涨几率为何这么高？场外的你有了这一系列与自己的问答，场内的你势必要从走势里找到答案，这个答案就是你“学会学习”

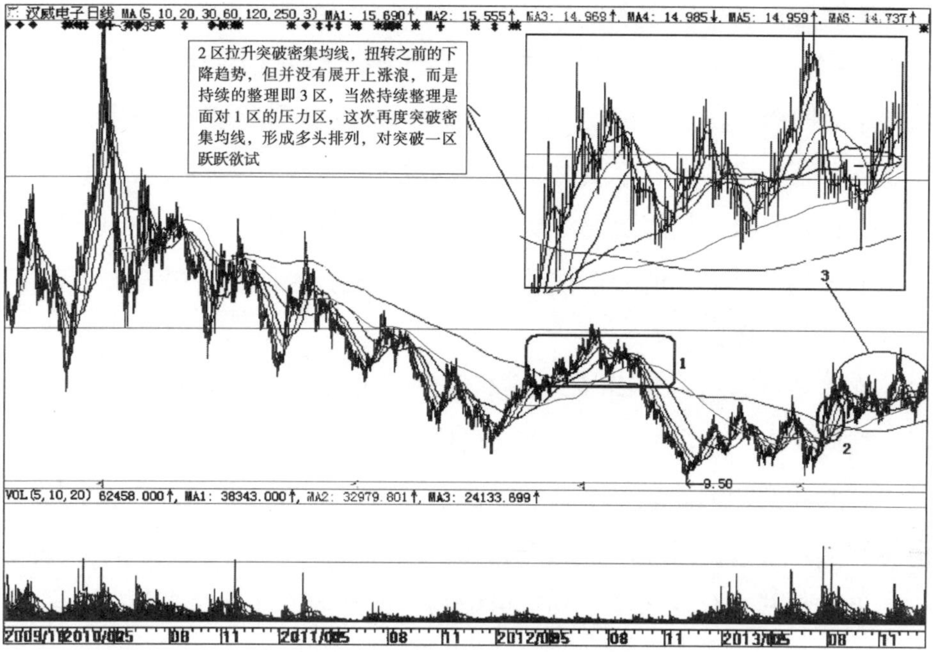

图 1-3　汉威电子 300007

的具体体现。

就像1-3的走势图你看到之后，它为什么能逆市上涨独领风骚？场内的你去观察走势，正如班长在图中所注，“2区拉升突破密集均线，扭转之前的下降趋势，但并没有展开上涨浪，而是持续整理，即3区，持续整理是面对1区的压力，而这次再度突破密集均线，形成多头排列，对突破1区跃跃欲试。”

多头排列是什么？如果是新手，不知道的同学也不要着急，要么自己百度搜索多头排列，要么慢慢往下看，因为后面班长会讲到，这里只是以例子来说“望、闻、问、切”的大致流程。

那么，“望、闻、问、切”的是什么？不仅仅是操作的过程，更是不断学习不断完善的过程。

第四股：日科化学 300214

如图 1–4 中的标注，“1 区在之前缓慢攀升基础上突破半年线，突破半年线回档后在 2 区再度突破站稳半年线，随着震荡攀升、步步为营，在 3 区突破年线，突破年线后放巨量，对于后市拉升跃跃欲试。”

走势总会给我们想要的一切，但关键在于我们能否从走势中学习到“索取密码”。向谁索取密码？不是学长学姐、也不是前辈老师，更不是班长，而是你自己。

你需要的是什么？你需要的不是班长告诉你用什么方法，怎样学习，如何操作。你需要的是把你自己锻炼的善于发现问题，因为发现问题了就能找到知识，就等于具备了善于掌握知识的能力。这个善于怎么锻炼？这就是班长要给同学们讲的。

见股起利心有什么不好吗？可怕吗？你不知道起了什么利心，利心

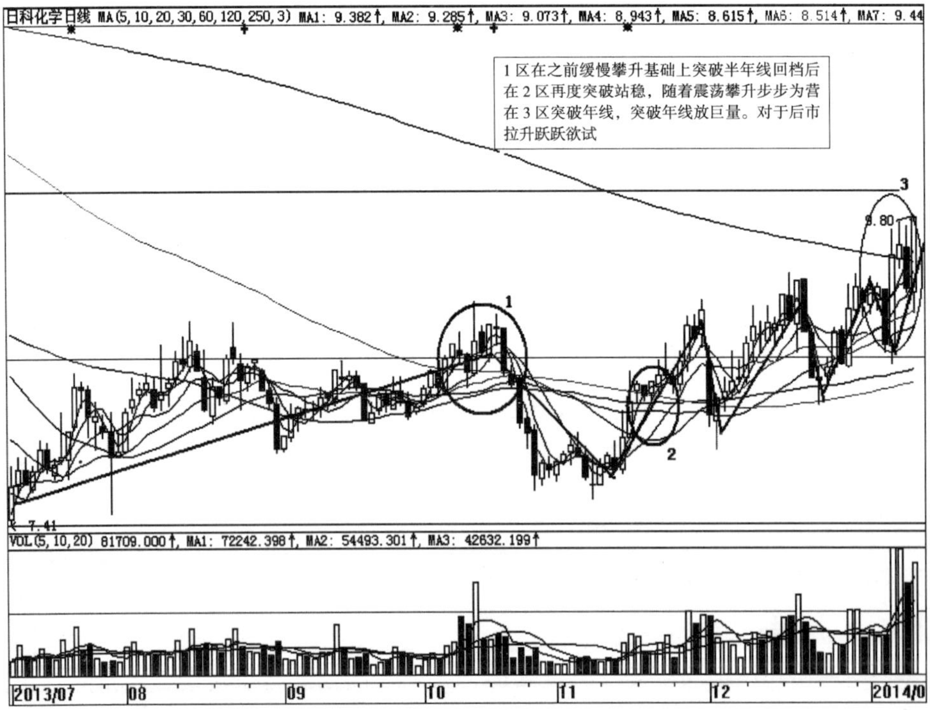

图 1–4　日科化学 300214

起的不靠谱才可怕！你想涨，想获利不可怕，可怕的是你不知道把想涨想获利寄希望于什么走势上了，这才不靠谱！

既然明天你想在日科化学上赚钱，那就问问自己，买什么样的走势股能赚钱？而日科化学又是什么样的走势？这就是为什么在两市上涨家数不足一半的情况下，班长选了 5 只股却有 4 只上涨而且还大涨，因为这些股的实际走势和上涨条件相符，而不是因为班长觉得这些股可能上涨而选进。

第五股：南大光电 300346

如图 1–5 南大光电，如班长在图中所标注："经过复合头肩顶的 2、3 区对 1 区释放压力后，4 区这里再度形成多头排列，成交量相对 2、3 区都大，跃跃欲试的拉升。"那么，对于该股的"望、闻、问、切"、对于股中的你"望、闻、问、切"，各是什么？这是留给同学们的问题。

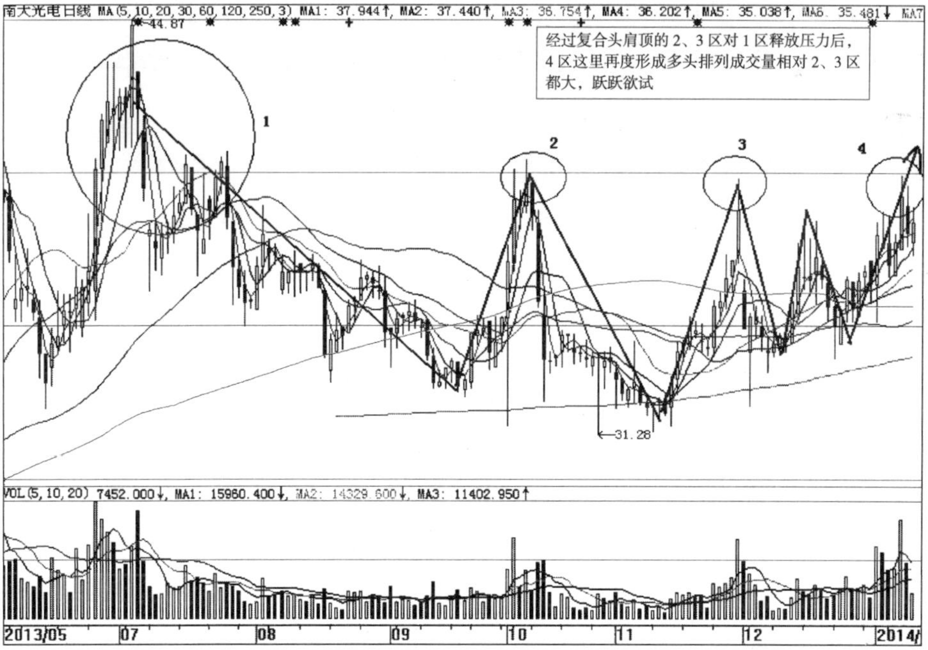

图 1–5　南大光电 300346

什么是有限的学习？什么又是无限的学习？

事实上，对股的“望、闻、问、切”，学习是有限的。而对股里的你，股外的你的学习是无限的。如图 1–5 南大光电，对股的诊断是有限的，走势怎么样，适合不适合操作，适合操作的话用什么操作策略，如此而已。但是诊断的技能是无限的，是需要学习的，是可以提高的，这是股里的你，股外的你呢？听过百遍的歌曲，走过无数次的街头路口，相依相伴的亲人，你能否换一种心情和视角，去重新审视一番？

如果你没有，接下来不妨就去尝试下，比如开心时经常听的歌，如果现在不开心，让自己尝试去听听那些开心时听的歌，看看会有什么不同？天天上班路过的街头路口，换一种节奏去感受观察下会不会有不一样的发现？发现或许是好的，或许是不好的。尝试的感觉可能是舒服的也可能是烦躁的。好的或不好的，舒服的或烦躁的都不是关键，关键是你又找到了“新源头”。

抓住这些“新源头”，问问为什么感觉舒服？为什么烦躁？舒服在哪里了？烦躁在哪里了？好在哪里了？不好在哪里了？假如明天又遇到同事吐槽炒股又亏了，你不再听而笑之或相拥而泣，而是对同事“望、闻、问、切”。为什么你同事炒股又亏了？他亏在哪里了？问题出在了什么地方？该怎么解决？如此锻炼下去，你就会像一颗顽强的种子，无论置身何处，都能吸收养分，才能真正强大起来，如此才算是学会学习！

第二节　走势是最好的老师

学会学习、学会怎样炒股的目的是什么？让我们来引用了英国文艺复兴时期大哲学家培根的话：“知识就是力量，但更重要的是运用知识的技能”来明确了学会学习、学习炒股的目的。知识就是力量，但是有力量不等于能打出好的拳。所以，学习运用知识的技能更重要！学习是为了拥有知识，拥有知识是为了运用知识发挥出价值。

你爱炒股吗？你爱的是学习炒股吗？你爱的是学会炒股后的炒股收益！学习的目的是什么？是获利。但是，学习不等于获利。所谓种善因得善果，如果你把学会学习、学会怎样炒股作为目标，学会了运用知识的技能，炒股自然而然会给你带来丰硕的果实！

学习的目的是什么？是真正能从心底认识到——你的精力应该是围绕着学习知识、学会运用知识的技能；你要打心眼里认识到只要你学好了知识、学会了运用知识的技能，炒股获利就会如同种瓜得瓜种豆得豆般水到渠成。而这就是学习的真正本质,唯有这真正的本质目标达到了，炒股目的才能真正达到！也就是你炒股投资的真正期望才能实现！我们从哪些方面来认识学习的本质？如何在走势上学？如何从操作里学？如何从生活中学，如何从前辈经验里学？这就是第二节的课题——走势是最好的老师。

上节班长简单的介绍了“望、闻、问、切”，“望、闻、问、切”的诊断股有限，而“望、闻、问、切”的诊断自己、发现知识、完善运用知识能力的学习是无限的。

如何在走势上发现知识（望）？

如何从前辈经验里汲取知识（闻）？

如何在生活里诊断自己（问）？

如何从操作中完善运用知识的能力（切）？

这就是通过有限的“望、闻、问、切”，来发现知识、完善运用知识能力的学习是无限的。通过在有限的“望、闻、问、切”里操作，在无限的“望、闻、问、切”里拓展学习，掌握学习的方式、方法，总结经验发现新的问题，研究新的内容，获取新的知识，推动个人能力不断前进，打破瓶颈、突破枷锁，最终晋级到常胜级老手！

当然，即便在操作上的是常胜级老手，但无限的“望、闻、问、切”学习依然能继续！无限的“望、闻、问、切”我们从哪来认识？从我们有限的“望、闻、问、切”中认识；有限的“望、闻、问、切”如何拓展？从无限的学习来拓展，相辅相依。

市场是一面镜子，你是什么市场就是什么。你是佛，市场就是如来佛；你是魔，市场就是牛魔王；你有贪嗔痴，市场就处处都是贪嗔痴；你一尘不染，市场就与你无伤。

下面我们就来通过市场照照自己，班长用 4 只例股分别解说“望”“闻”“问”“切”，这几只例股是班长从市场随机选的股，同学们还是不要想太多，把你精力放在明确学习目标，认识学习本质上来，至于收益等你学会学习，学会操作了，它只是你操作的附属品。

第一股：长城集团 300089

如图 1–6 长城集团，当走势摆在我们面前，怎么“望”？得学“望”，

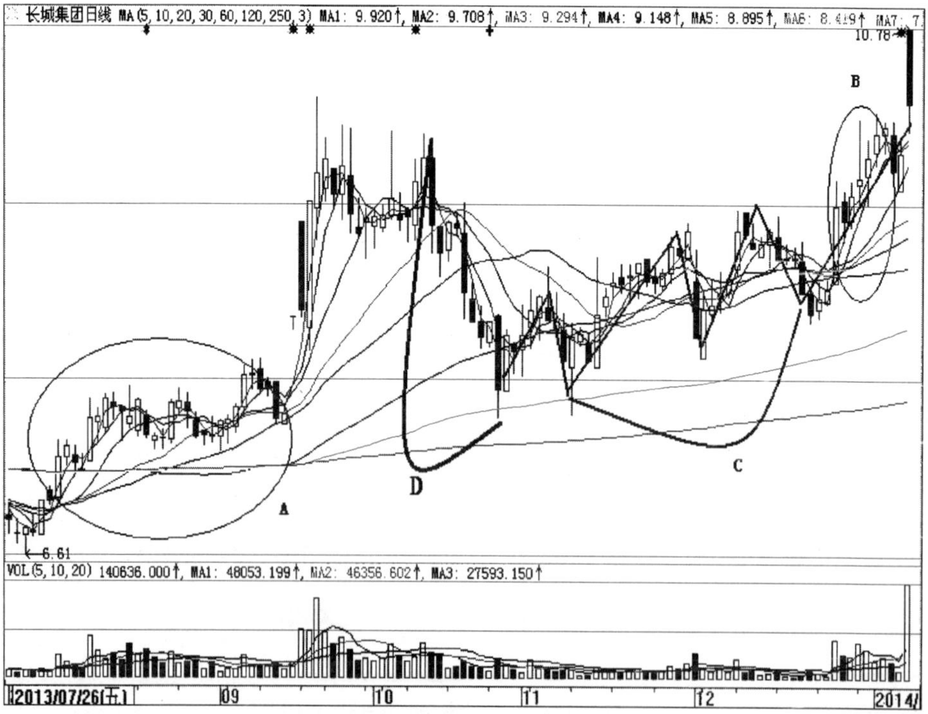

图 1–6　长城集团 300089（1）

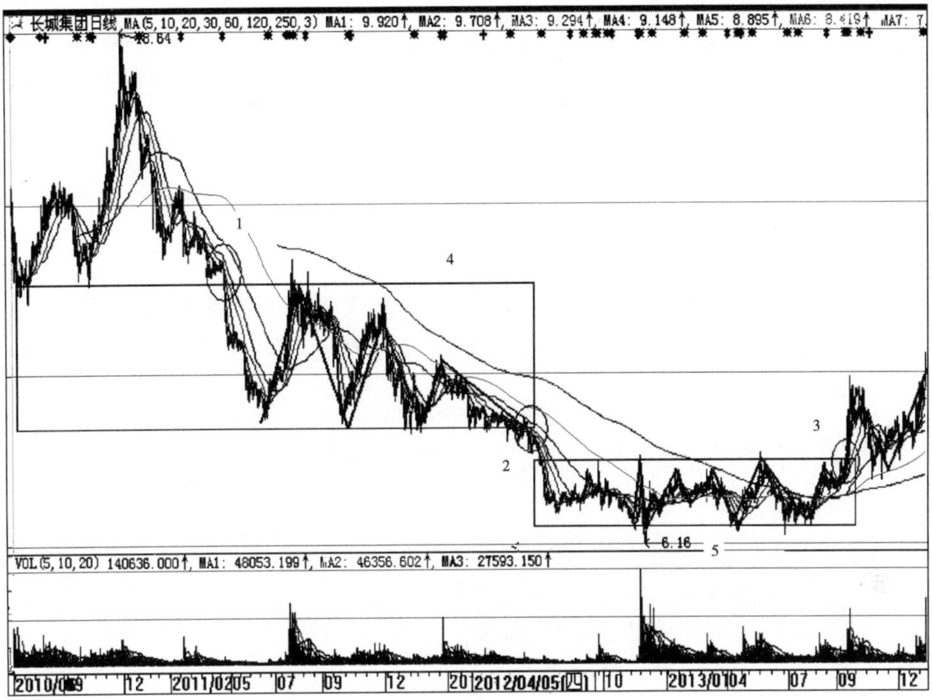

图 1-7　长城集团 300089（2）

得会“望”；怎么学？得学会，得会学。图中无论是涨跌还是震荡盘整，涨有可观察的上涨特征；跌有可发现的下跌特征；震荡盘整也有可了解的震荡盘整的特征。那么：

涨，各是哪里开始涨的，各有什么特征？

跌，各是从哪开始跌的，各有什么特征？

震荡，又各是从哪里开始震荡的，震荡的节奏特征是什么？

如何从走势里发现知识？就是通过“望”得来的。怎么“望”来的？不妨看图 1-6 中的上涨、盘整和下跌，然后回答这三个问题。

涨是震荡后突破开始的，持续上涨的特征是上行空间打开，上方没有压力。

震荡又是从哪里开始震荡的？震荡的节奏特征是在支撑之上或者压力之下进行的，如图 1-7 长城集团，会更直观的看出震荡的节奏特征。

跌是从哪里开始的？下跌的特征是什么？如图 1–7 当中的 1、2 区是跳水的起点。

1 区开始瀑布式的下跌浪，因为什么？

2 区开始瀑布式的下跌浪，因为什么？

因为 1 区跌破了前期的支撑平台；2 区同样跌破了前期的支撑平台。

回到图 1–6，为什么 A 震荡小涨后加速上涨了？在图 1–7 中的 3 区可以观察到突破了箱体 5。

如图 1–7 中的箱体 4 和箱体 5，箱体 4 震荡向下，震荡波一波比一波低，最终跌破箱体底，2 区瀑布式的下跳来的意外不意外？一点不意外，因为跌破了箱体 4。

箱体 5 震荡向上，震荡波一波比一波高，最终在 3 区突破箱体顶，3 区突破后井喷式拉升来的意外不意外？一点也不意外，因为突破了箱体顶。

图 1–6 的 D 走势也不能发现下跌的特征，跌破 10 日均线后出现长阴线，跌破 20 日均线后也有长阴线，跌破 30 日均线、60 日均线后都有长阴线下跌，意外不意外？一点也不意外，因为跌破了支撑就要向下一个阵地寻求支撑。

再看图 1–6 的上涨特征，为什么 A 处的上涨那么慢？因为还没突破图 1–7 中的箱体 5。为什么 C 处没跌下来？因为之前突破的箱体 5 的箱体顶已经转化成了支撑。

为什么 B 处上涨拉的阳线有那么多拖泥带水的“触角”（上影线）？因为 A 之后的井喷高点压制。

又为什么 A 之后的井喷高点会停留在那个区域？因为是箱体 4 的密集成交区。

“望、闻、问、切”之“望”，“望”是什么？是观察走势，是疏通走势，是总结梳理特征。无论涨还是跌，抑或是震荡，可学习的无处不在，就看你会不会学习，就看你是否主动去问为什么并寻求答案。这个市场从来不缺学习的内容，就看投资者具备不具备善于发现知识的眼睛。凡事多问一句为什么，多想想为什么，不能只是看到涨了就开心，起码要做到知道为什么涨了才开心。

第二股：远方光电 300306

“望、闻、问、切”之“闻”，从前辈经验里汲取知识。

前辈，是什么样的前辈？无论是什么样的前辈、哪里的前辈，只要会学习，都能或多或少汲取到知识。处处是老师，到处是前辈，但走势是最好的前辈。

向谁学都不如向市场学，市场是最好的老师，因为市场融合了众人之智！

如图 1–8 远方光电，经过“望”之后，有没有什么主动要问的？你最好先试着自问自答，再往下面看班长问“望而问”的：

为什么 A 这里突破半年线、年线后没有大幅拉升？

为什么 B 这里再度上来后还是没有大幅拉升？

又为什么到了 C 这里还是没拉升？

为什么到了 D 这里飙升了？

为什么 E 那里不跌下去了？

为什么 F 这里上涨后还能持续上涨？

上面这些问题只是如图 1–8 未必都能看到原因，我们还要先把最好的前辈“走势”看一遍，然后再听“最好的前辈”说一遍，最后再把“最好的前辈”问一遍，如图 1–9。

看一遍前辈，我们知道了它大概的历程；听一遍我们知道涨跌转折点在哪里；问一遍我们知道了为什么 2 区后瀑布式下跳。因为 1 区的水平支撑点跌破了，所以有了 3 区的瀑布式下跌浪。而 5 区加速是因为突破了 4 区的整理箱体，6 区跌不回来，是因为之前突破的 4 区箱体顶现

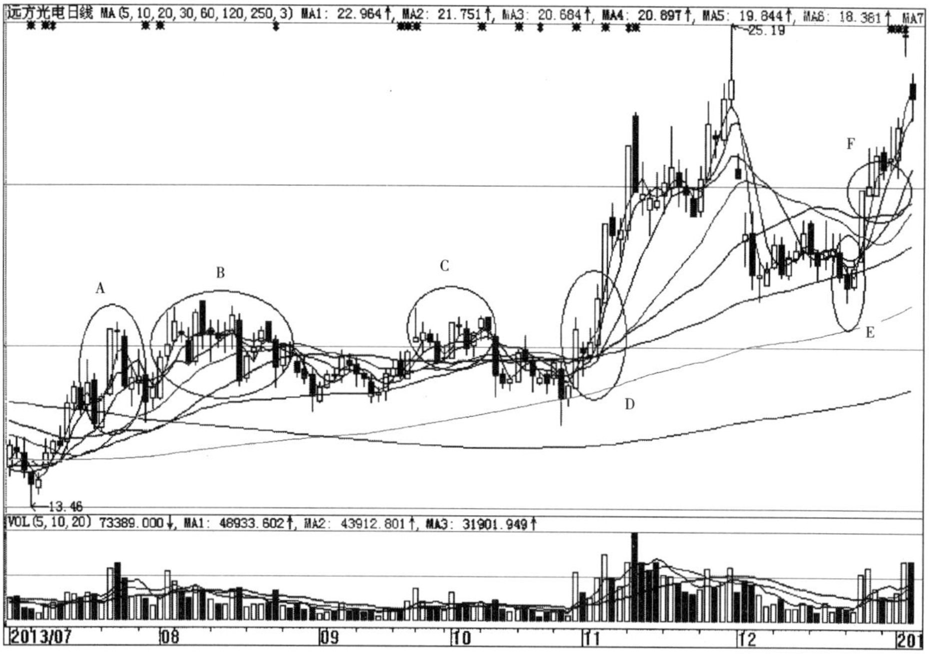

图 1–8　远方光电 300306（1）

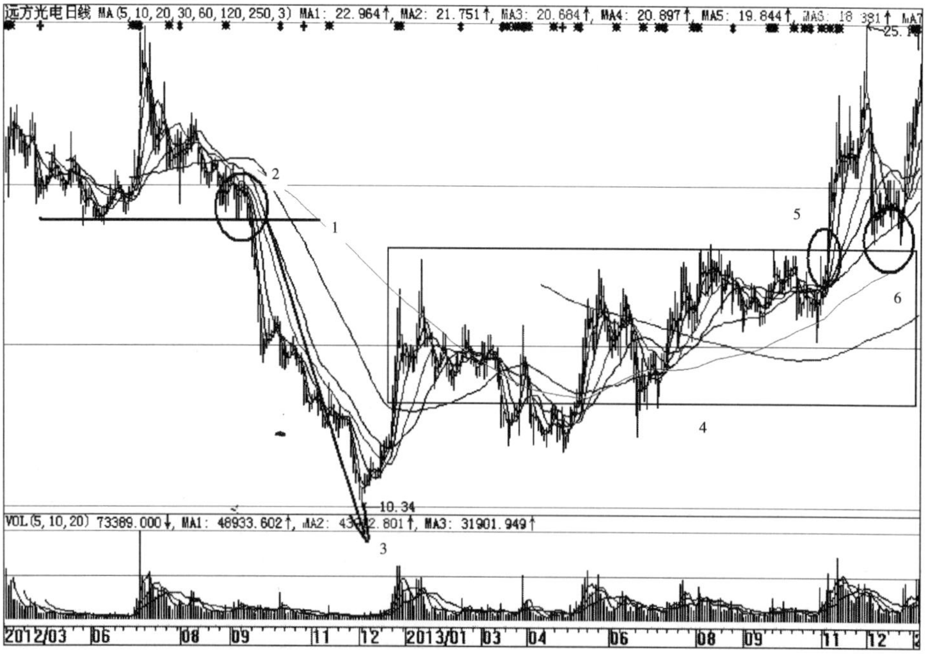

图 1–9　远方光电 300306（2）

在变成了支撑。

那么，当你看了“前辈”，听了“前辈”，问了“前辈”，了解完“前辈”一生沉浮的走势之后，图 1–8 的 A、B、C、D、E、F 的问题还是问题吗？答案自动浮出水面、迎刃而解，不攻自破！

为什么 A 这里突破半年线、年线后没有大幅拉升？因为面临前期的跳水平台 1（图 1–9 中的 1）；

为什么 B 这里再度上来后还是没有大幅拉升？因为还在箱体 4 中，并未突破 1（图 1–9 中的 4 和 1）；

又为什么到了 C 这里还是没拉升？同上；

为什么到了 D 这里飙升了？因为经过前面 A、B、C 的反复上突箱体顶，释放 1 的压力，最终突破了箱体 4 的箱体顶，所以持续飙升了（图 1–9 中的 4、1 和 5）；

为什么 E 那里不跌下去了？因为之前突破的 4 区箱体顶现在变成了支撑（图 1–9 中的 4、5、6）；

为什么 F 这里上涨后还能持续上涨？因为突破了箱体 4，突破了跳水平台 1，压力越来越少了，均线也形成了多头排列（图 1–9 中的 4、1）。

第三股：通光线缆 300265

“望、闻、问、切”之“问”，学习的关键在于发现问题。

生活里的你是什么样的？生活里你想怎么样？

走势里的你是什么样的？走势里你想怎么样？

我想买了就涨，我想卖了就跌；我想买在最低点，我想卖在最高点。

我怕买了就跌，更怕买了就跌跌不休；我怕卖了就涨，更怕卖了就绝尘而去。

你想、你怕，市场该怎样还是会怎样。不会因为你想怎样就怎样，更不会因为你怕怎样就不怎样。你要做的是什么？你要做的是学习，是

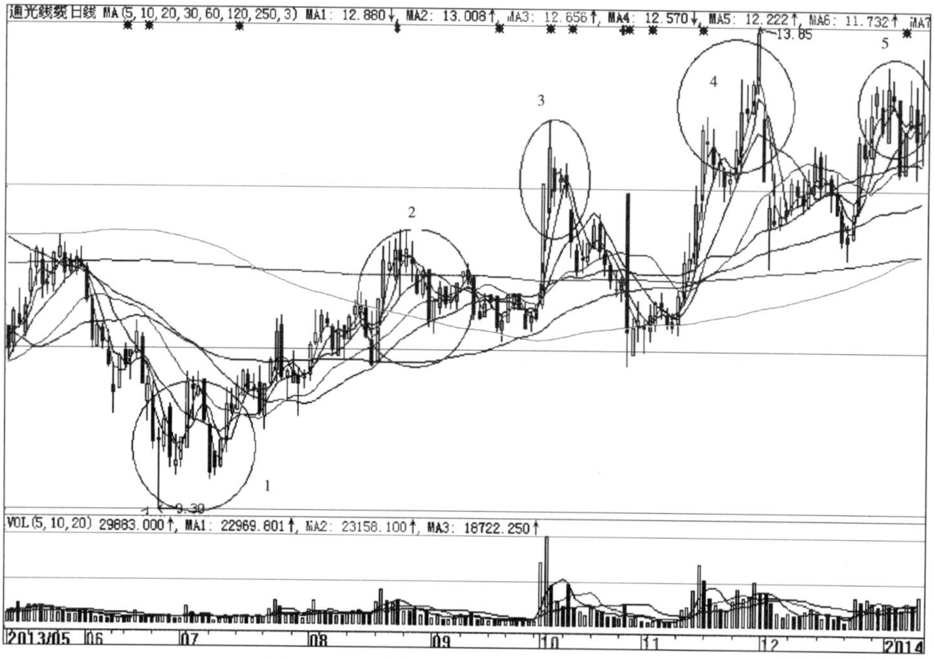

图 1–10　通光线缆 300265（1）

通过有限的“望、闻、问、切”和不断地拓展无限的“望、闻、问、切”，如此你才会尽可能达成你所想的。

你不能忘记学习的真正目的，是真正能从心底里认识到：你的精力应该是围绕着学习知识、学会运用知识的技能；打心眼里意识到只要你学习好了、学会运用知识的技能了，炒股获利如同种瓜得瓜种豆得豆般水到渠成。

如图 1–10 通光线缆，1 区跌到那，你想买在最低点，我也想买在最低点。因为我们都知道买在 1 区那里获利最多，但是我们是不是要问问自己，那里是不是最低？凭什么确定那里是最低？

2 区突破年线，我们想一买就加速上涨。但是你要不要问问“前辈”，听前辈说道说道，再问问自己如何确定那里会持续飙升？

3、4、5 区又为什么戛然而止？3、4、5 那时你又会不会想着才刚刚起步而果断追进？有没有问问“前辈”，听前辈说说？

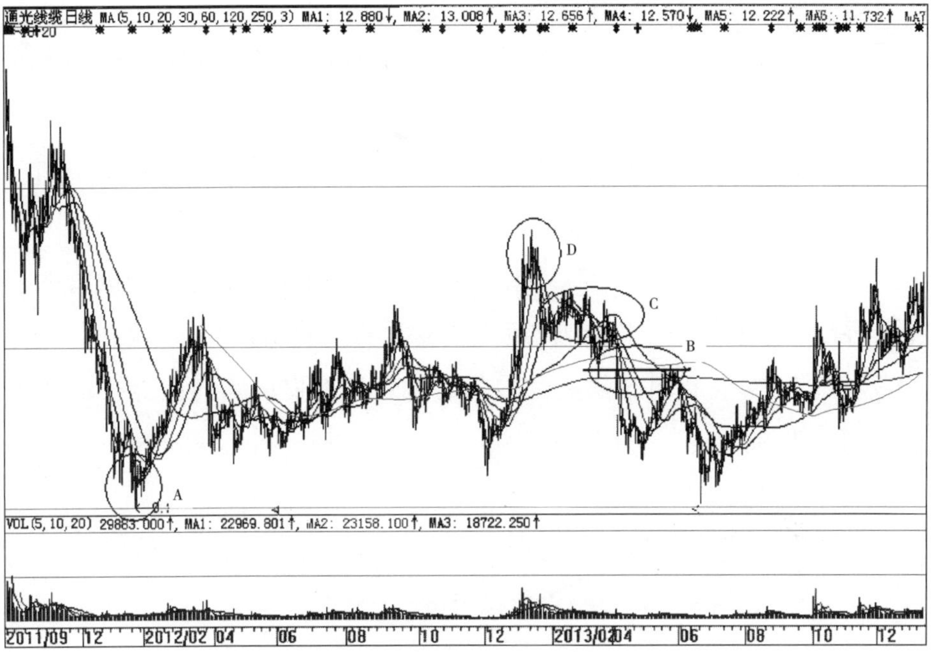

图 1–11　通光线缆 300265（2）

如图 1–11 所示，A 对应图 1–10 中的 1，1 为什么在那里止住了？因为 A 是前低，所以 1 是在前低前止住了。B 对应图 1–10 中的 2，2 为什么上不去，因为 B 是前期跳台，形成了水平成交区，股价在其之下，自然成了水平压力区。C 对应图 1–10 中的 3，为什么 3 区上去了？因为 2 区这个先锋上攻释放了阻力，但是又冲高回落是因为又遇到了新的阻力 C 区 。D 对应 4，为什么 4 区这波拉升持续久点？因为 3 区这个第二冲锋释放了 C 区的压力，但是 4 区上去之后又为什么再度回来？因为遇到了 D 区压力。D 对应图 1–10 中的 5 也对应 4，5 区在这里震荡干什么呢？为什么不跌下来？又为何没涨上去？你是怎么想的？问问你自己，给自己一个答案，明天看市场给你的答案，然后对照找差距和不足。

第四股：兆日科技 300333

“望、闻、问、切”之“切”，操作上如何完善运用知识的能力？学以致用之所以难是难在了哪里？

操作上如何完善运用知识的能力？换句话就是说个人诊断股的“望、闻、问、切”能力有限，如何用无限的“望、闻、问、切”的学习能力，去不断完善提高有限的“望、闻、问、切”诊断股的能力。如果给你了兆日科技，你怎么操作？谁来告诉你？你看谁？你听谁？你问谁？

当图 1–12 兆日科技摆在你面前，你首先要做的是对已经摆在那的走势先“望、闻、问”了，例如：

为什么 A 之后没有涨上去？

为什么 B 高过 A 后还是没有涨上去？

又为什么 C 高过 B 之后仍然没有涨上去？

D 在这里干吗？

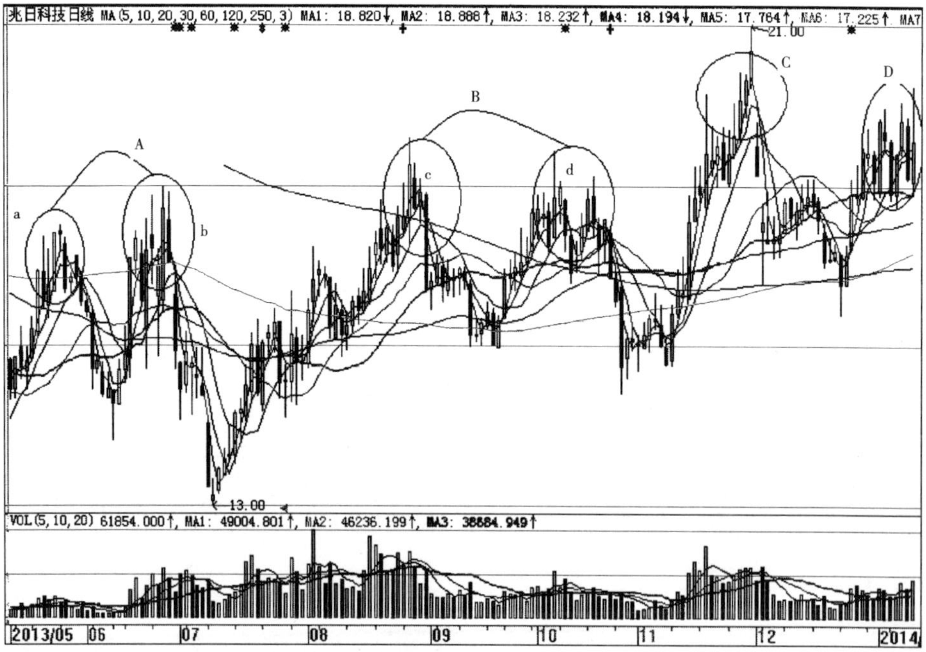

图 1–12 兆日科技 300333（1）

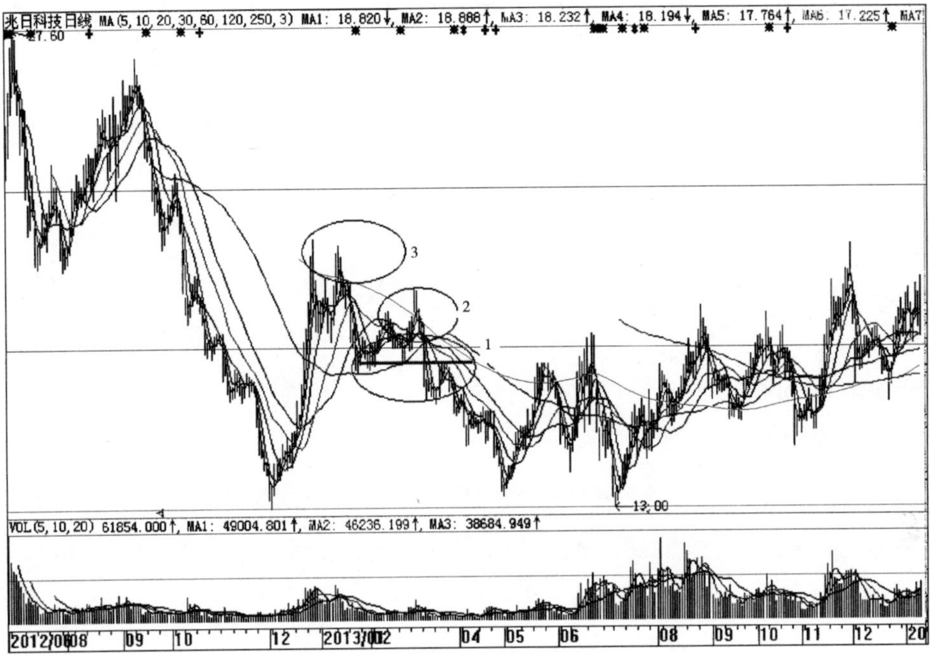

图 1-13　兆日科技 300333（2）

对已经摆在那的走势“望、闻、问”提出问题后，再找“最好的前辈”去“望、闻、问”。

如图 1-13 兆日科技，1 对应图 1-12 的 A，1 这里是个跳台；1 对应图 1-12 的 B，还有 1 上面的 2;2 对应图 1-12 的 C，还有 2 上面的 3；图 1-12 的 A、B、C 在 1、2、3 的阻力区之间。

经过望闻问了“最好的前辈”，你才知道为什么操作这么艰难，费了九牛二虎之力才小胜甚至还亏，之所以总是不涨是因为在密集阻力区,那还操作什么呢？以后要避免这样的操作,就要避免什么样的走势？当你经过“望、闻、问、切”，这就是进步，这就是学习，这就是完善，这就是优化操作。

当然，随着震荡向上的节奏，拉升波一波比一波强了，C 的拉升明显大于 B，B 的拉升明显大于 A，但 C 的拉升轻松、功臣是 B，B 的拉升轻松、功臣是 A。

如果说图 1–12 的 A、B、C 先后释放了图 1–13 中的 1、2、3 区压力，那 D 在这里震荡是为什么呢？看 C 下来的节奏，跌停跳崖，D 能面对跌停跳崖保持在这里震荡，凭的是什么？你要不要顺便看看问问听听？

ABC 的震荡是如何递进的？D 这里震荡是不是跃跃欲试？事实上，在第一股长城集团的例图中，我们就观察过长城集团的震荡，这里留给同学们，通过“望、闻、问、切”梳理出一个答案，并等接下来的走势来核对你的答案。

上面通过三只股分别介绍了“望、闻、问”，事实上，每只股都具备“望、闻、问”，这三只股的“切”是什么？首先你要把前三只股中剩余的“切”给总结了，总结出有利于你操作的“经验”或“特征”，权当现学现用的练习，等班长下节展开时你会事半功倍；然后再把每一只股的“望、闻、问、切”都完成一遍。

第二章

科学的学习方法

在明确学习目的、真正懂得学习本质基础上，通过大量实例真正认识和掌握学习规律，在学习过程中真正按照科学的学习方法进行学习，达到事半功倍的效果。

所以，不要班长厘清思路时，你想要班长讲有用的技术而无视前两节的内容，待班长讲到技术时，你又因为没有厘清头绪而理解不了、运用不来，甚至会出现对的技术因为运用方法的错误，导致背道而驰的结果。如果还有同学认为前两节的内容不重要，课后务必复习，跟上，认识到前两节的重要性！

一是知识重要，但明白运用知识的技能比学习知识本身更重要；二是真正能从心底里认识到你的精力应该是围绕着学习知识、学会运用知识的技能，真正的认识到只要你学习好了学会运用知识的技能，炒股获利如同种瓜得瓜、种豆得豆般水到渠成。

什么是真正的认识？怎样掌握学习规律，又如何按照规律去学习才科学？既然是真正认识，肯定不是你想象的，也不会是我觉得的，更不会是他认为的，而是实实在在存在的，否则不过是你想象的认识，我觉得的规律，他认为的科学，而你想象的认识未必是真正的认识，我觉得的规律也未必是真正的规律，他认为的科学也未必是真正的科学。

只有实实在在存在的走势，才是最好的先辈，而独一无二的，非市场走势莫属。所以，“望、闻、问、切”就是认识真正认识的手段，我们不一定能真正认识到全部,但我们要做到所认识的必然是真正存在的一部分。

第一节　了解走势　问出方向

你不必担心你掌握的规律不够多，你也不必害怕你认识的还是太少，少了你可以通过无限的“望、闻、问、切”来不断完善自己。只要是真正的认识，以一敌百，胜过一百个混沌的知识，一次精炼有效的获利，胜过一千次盲目的操作。

一个“望、闻、问、切”围绕走势转，一个“望、闻、问、切”围绕自己转，生生不息、不断学习提高，这就是走向交易大道的科学之路！怎么带着两个“望、闻、问、切”上路，在路上如何运用这两个“望、闻、问、切”让自己时刻清醒？ 接下来班长就通过一些例子带着同学们步步深入。

第一股：新开源 300109

如图 2–1 新开源，当走势摆在面前，我们先来“望、闻、问、切”的围绕着走势转。

一“望”：看走势中的特征，看涨、跌、盘整的特征；

二“闻”：看走势特征的原因，为何涨、为何跌、为何盘整。

（1）为什么突破后在 1 区那里震荡？

（2）为什么结束 1 区震荡后冲到 2 区就开始震荡而没有持续拉升？

（3）为什么 2 区那里震荡后下跌了？

（4）为什么 3 区之后的下跌再起来的 4 区又跌了下去？

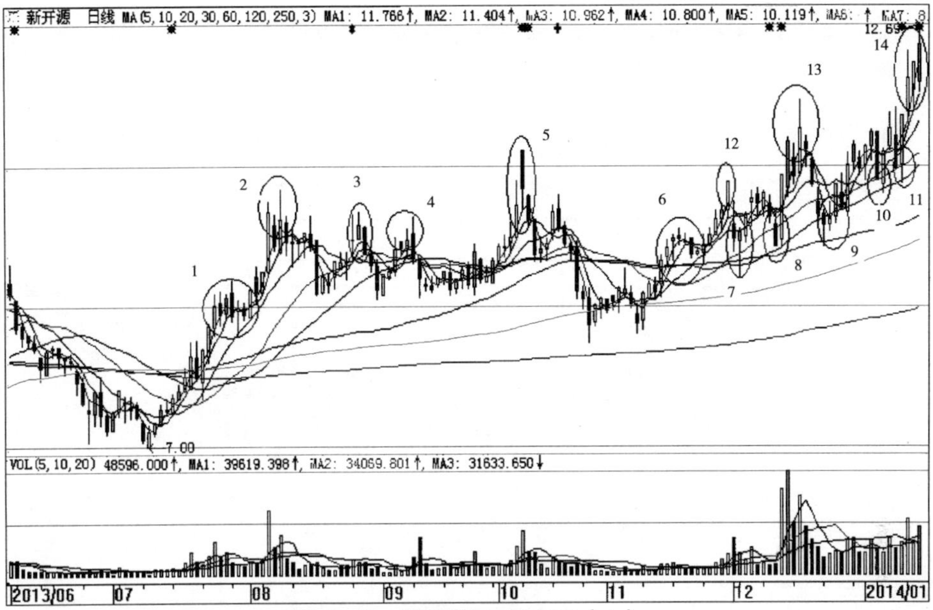

图 2-1　新开源 300109（1）

（5）终于再起来好不容易突破了，又为什么在 5 区那里戛然而止？

（6）在 6 那里突破后没有趁着突破持续大涨而是震荡，为什么要震荡？

（7）震荡后再度拉起来，为什么到了 12 区那里又止住了？

（8）为什么在 7 区这里获得了支撑？ 7 区这里上来，为什么又回来了？回来为何又在 8 区这里支撑住了？

（9）终于突破 12 区，为何没有推进多少又在 13 区这里止住了？13 区回来，又为什么在 9 区这里支撑住？

（10）9 区到 10 区再到 11 区的涨五跌三的推进又是为何？

（11）14 区终于突破 13 区，突破后为何是拖泥带水的拉升，而不是绝尘而去？

以上这些问题如果这节你搞明白了，如果你把搞明白的思路、逻辑梳理成形了，起码以后你不会再找别人帮你看股了。比如 1 区位置，这里震荡时，你心里偏空时，看到了震荡但会觉得震荡后还要跌下去；他

图 2–2 新开源 300109（2）

心里偏多时，看到了震荡但会觉得震荡后要涨上去；我心里不多不空时，看到了震荡就是震荡，没有任何觉得，让震荡继续震荡直到做出选择打破震荡格局。

但这是看的已经发生的走势，看现在的走势呢？震荡了你要看为什么震荡？你还要看为何在这里震荡？搞清楚了这些你不就知道结果了？而你知道想要什么样的结果，那这结果是不是你想要的结果不就知道了？知道了是不是你想要的结果后，不就知道要不要操作了？也就很自然的摆脱了上来就陷入纠结买不买，买了担心跌，不买担心涨的问题。

如图 2–2 新开源的大图。

首先，1 的震荡特征呈现出的是不攻不退。既不上攻也不后退，多空僵持后的选择会是什么？

大图中不难发现，之所以不上攻而震荡是因为 A 区的密集成交区，对现在的上涨构成了阻力区。但是面对阻力区却并未退下来，而是在这里震荡，强弱可见一斑，方向也就有了。“望”了震荡的特征，“闻”了震荡的原因。接下来就“问”自己，我能在这样的震荡中做什么？

面对阻力区而不退，持续震荡是势头想要突破，这是势头的方向，在我清楚这些情况下，我要做什么？我要买进？绝对不是！因为你只看了一部分。

再回看图 2–1，其中 2、5、13 区对应图 2–2 的 B、C、D 区。也就是说在你经过“望”“闻”得出势头的方向指出要突破 A 区时，不等于你要买进，可买并不等于具备符合你的操作预期。为什么这样说？因为突破 A 区，上面还有压力重重的 B、C、D 的压力区。

你想要什么样的结果？打一枪开一炮，搞三五个点就走，还是想要那种拉起来就是两位数涨幅的？问问你自己。如果你不想花费同样的精力和时间，结果却很可能只有几个点的收益，你就会果断放弃这些折腾来折腾去的纠缠股。

回头看看你操作过的股票，有没有这样的例子；有的股你折腾了半年，它都是涨几个点跌几个点，反反复复，把你折腾的晕头转向，终于你筋疲力尽的，带着可怜的几个点盈利，或者还是亏损的结果离场，前脚你出场后脚它就出现连续拉升。当你说运气不好、人品差、心态不稳等原因时，可曾真正的跟自己聊过？可曾问过自己为什么会出现这种结果？究竟是因为客观原因，还是因为一些主观原因如入场早了？

事实上，这不是什么运气不好，这是“病”，而且必须得治！

换做现在，你能不能通过“望、闻、问、切”，把这个“病”给治了？而这个“治”的过程就是你学会学习，学会怎样炒股的过程。

这个“治”是什么？不是心态、也不是运气、更不是人品。是思绪、是逻辑、是认识、是能力！这种能力不能瞬间转移给你，也不能信手拈来，更不会听听班长讲了之后自己就有了，要通过大量的实践、练习而炼就！

如何炼就？就如同上面那样的顺序，先对股“望、闻、问、切”一遍，自问自答一遍，再对自己“望、闻、问、切”一遍，自问自答一遍。多问问为什么，多找找导致这种结果的因素。

再回到图 2–1 接着看，回答最初的那一系列问题，对股来一遍“望、闻、问、切”的自问自答。

6 这里突破后为什么没有趁着突破持续大涨而是震荡？为什么要震荡？因为 5 下来的跳台构成了现在上涨的压力区，而震荡是在突破后的基础上面对阻力区的震荡，是在震松阻力，震松阻力后再度拉起来。

为什么到了 12 那里又止住了？因为迈过 5 下来的跳台后又遇到了 5 的高点压制，而 5 的高点对应的又是 C 的密集阻力区。

面对 5 高点压制，密集阻力区 C 压制，终于退回来了，为什么在 7 这里获得了支撑？ 7 这里上来因为什么又回来了？回来为何又在 8 这里支撑住了？ 7 这里是 20、30、60 日均线支撑区，而 20、30、60 日均线支撑区也是 1 突破的 A 压力区，压力区被突破后成为支撑区。

7 这里获得支撑区支撑后再度上来遇到 12 压制而再跌回来，再在 30、60 日均线获得支撑，终于突破 12，为何终于突破 12 后没有推进多少，又在 13 这里止住了？因为 13 这里又面临 D 区压力。

13 回来，又为什么在 9 这里支撑住？ 9 到 10 再到 11 的涨五跌三的推进又是为何？看 7、8、9、10、11 的低点在不断抬高，面对密集压力区，震荡中低点不断抬高，势头的方向摆在这里的，你如果不看真实存在的，而凭自己心里所幻想的看空或者幻想要暴涨，怎么会靠谱？不靠谱的不是走势，而是你幻想的走势。

14 终于突破 13，虽然四连阳，但是涨幅并不算大，为什么是拖泥带水的拉升，而不是绝尘而去？因为 14 还对应着 E 号压力区。

你想要的交易结果是什么？看了这样的走势，你也许会想，如果能把握好这其中的节奏做差价，利润非常可观啊！是的，好看的好吃的太多了，但是你都要娶回家拿回家可能吗？

最终，还是要问一问你究竟想要什么样的操作，而你选的股本身是什么样的格局，是不是具备你想要的条件。你想做差价，善于把握震荡做波段，就要找这些面临重重阻力的，这样才不会拉升起来势不可挡，跌起来没有支撑。反之，你想要做干脆利索的，害怕这种反反复复的股票，那你最好是在它面临重重阻力区时远离它。注意，是在它面临重重阻力区时远离它，而不是彻底远离这只股。股没有好坏，处在重重阻力区的时候，就会有突破重重阻力区打开大上升空间的时候。

当然，阻力区相对阻力区的空间也不同。比如图2-1的13、14区和2、5区所对应的阻力区就不同。有的阻力区对应的空间足够大，能满足你的操作空间的需求。

浓缩就是在哪跌，为什么跌，在哪震荡为什么震荡，在哪涨为什么涨。前者了解走势情况，后者问出方向。对股"望、闻、问、切"自问自答一遍，再对自己"望、闻、问、切"自问自答一遍。

接下来就是看走势是什么格局，我的操作需求是什么，然后才是操作上的问题和如何不断完善操作，让操作做的更完美。

不过，这只是先留给同学们去试着自问自答，后面几节班长再展开。

第二股：南大光电 300346

如图2–3南大光电，班长在图中标注了要点，那么你能不能自问自答一遍？不要说你不会，更不要说自问自答些什么！学习应该是主动的，学会学习更应该是主动的。你不学习，不会有人替你努力！更不会有人替你抓住牛股并赚了钱装在你的口袋里。如果你不会，就回头复习，把问答的模式摘抄下来并记住，等再看到这里时，照猫画虎的自问自答就不是什么难事儿了。

第三股：汉威电子 300007

如图2–4汉威电子，班长也在图中标注出了一些要点。在第一股时班长已经把新开源讲的很详细了，那些提问的出发点，那些如何从走势

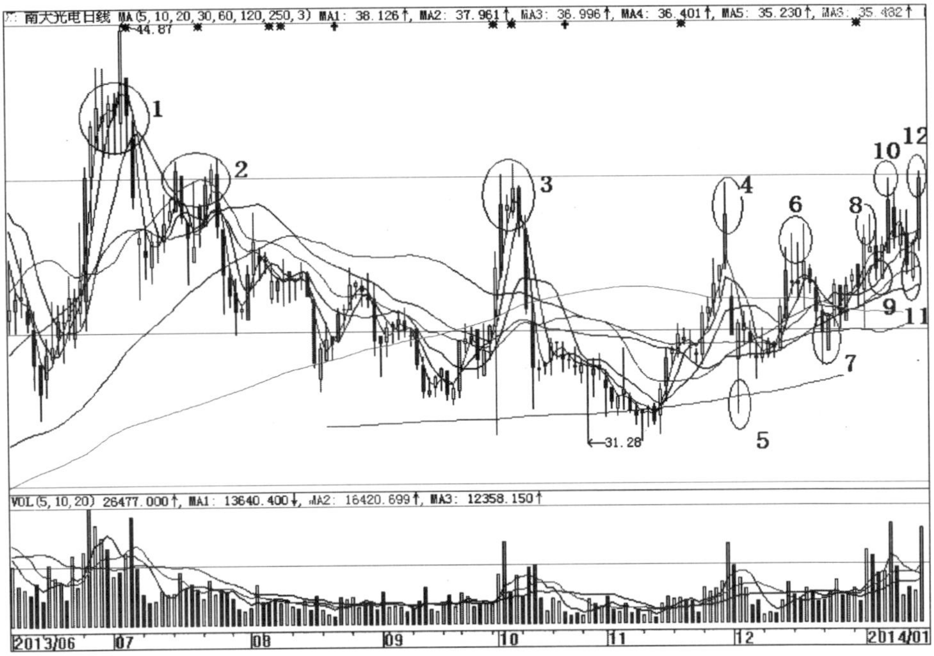

图 2-3　南大光电 300346

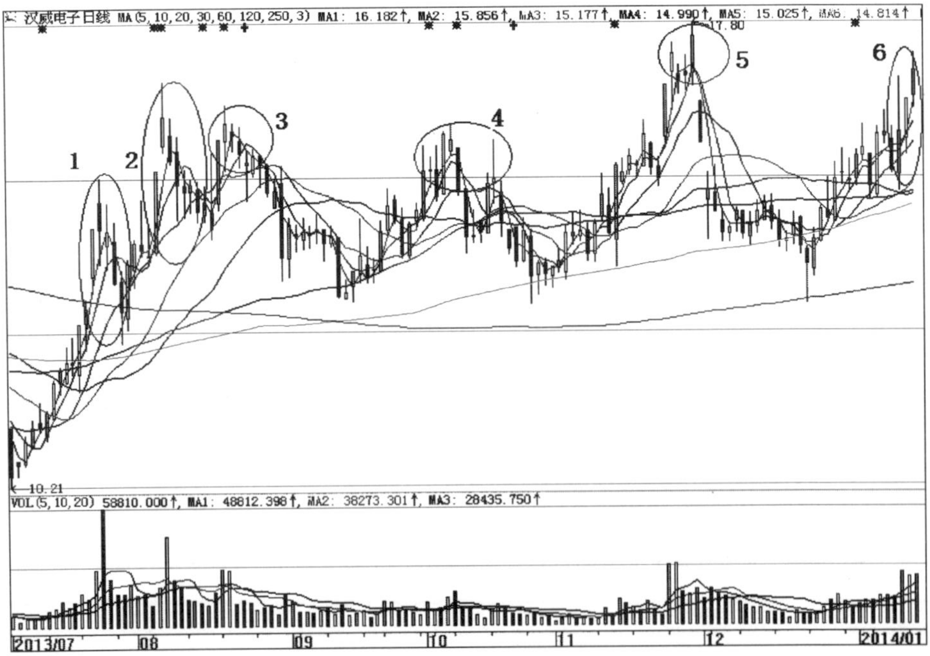

图 2-4　汉威电子 300007

中找到答案的思路，你看完之后要试着用用。所以，你能不能不怕麻烦的自问自答一遍？

这只是班长选了两只股中的两小段走势，让同学们去自问自答、“望、闻、问、切”。该股除了这两段走势，还有没有可找的？你可以看其他部分走势，甚至缩小看更大的图。

除了这两只股，你有没有喜欢的股？或者自己熟悉的股？你要不要也练习练习“望、闻、问、切”自问自答？

事实上，并不是要你把所有的股都练习一遍。同样一只股，你选一段、找到10个看点、10种走势，等你养成了提问的方法，抓到了解决问题的逻辑，具备了看透走势的能力，就相当于看了100种走势，这就是会学、学通、学透。

这一节就这么点内容，希望同学们能认识到主动学、会学的重要性，以及抱着学通、学透的决心和目标而不怕麻烦和繁琐的努力！

第二节　八步骤养成思维逻辑

来到第二节是否觉得前几节好像没有学到什么具体的技能？想必有同学想问怎么“望、闻、问、切”？怎么自问自答？之前班长讲了学习目的、明确目的，学习本质、认识本质，还没有讲到技术，你觉得没有学到技术当然是正常的，在讲操作技术前必须把凌驾于操作技术之上的思维逻辑先抓好，因为学习目的若不明确，学习本质若认识不清，必然无法正确的运用操作知识。

要想把技术运用的恰到好处，心中一定要清明，不能有一点浑浊。

所以，在接下来的讲解中，如果你觉得混沌不清了，一定要及时回头复看前面的内容，把学习之目的明确了，学习本质之认识搞清楚了。不然，你一定会把这技术只是当成技术，而不是一种运用技术的“技术”

（能力）！

先来梳理下之前讲的知识点。

一望：看走势中的特征，看涨、跌、盘的特征；

二闻：分析走势特征的原因，为何涨、跌、盘；

三问：问自己在走势的涨、跌、盘中能做什么，凭什么这么做；

四切：通过对走势的望闻问不断总结完善优化自己的操作。

如何从走势里发现知识？（望）

如何从前辈经验里汲取知识？（闻）

如何从生活里诊断自己？（问）

如何从操作上完善运用知识的能力？（切）

“望”，观走势气色；“闻”，听走势节奏；“问”，问自己目的；“切”，按节奏操作。

“望、闻、问、切”是要同学们养成一种思维习惯，需要你把这几个大步骤变成习惯性的思维逻辑。接下来，班长通过实例再把这几个大步骤给同学们逐一落实。

第一股：利君股份 002651

当图 2–5 利君股份的走势摆在你面前，第一步做什么？

第一步，看走势特征。

看走势的涨、跌、盘整的特征。那么，首先你要做的是什么？找到上涨浪、下跌浪、盘整区，其次才能观察特征。1 是突破上涨浪，2 也是，4 也是，6 也是，11 是不是？

学习能力的高低，就在于能不能学到超出常规之外的知识。别人看到的，你也看到了，那么在这个竞争激烈的市场，你就很难取得比他人更好的收益。

3 是盘整，8 是盘整，10 也是盘整，但是盘整与盘整也不一样，一种是下跌中继的盘整，一种是待选择方向的盘整，一种是上涨中继的盘

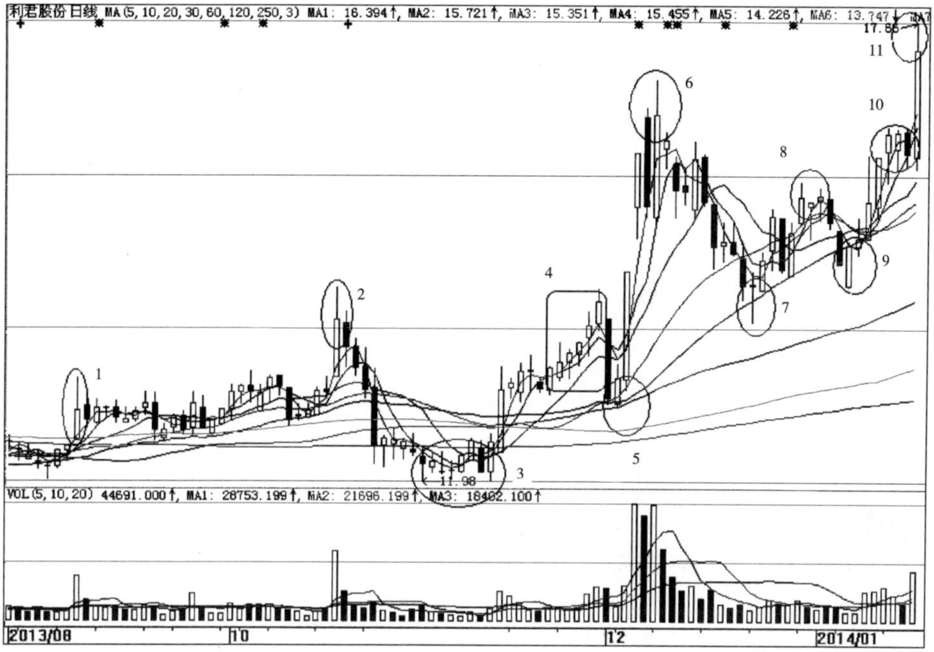

图 2–5　利君股份 002651（1）

整。当然，这只是班长标注出的盘整，图中还有没有其他盘整区？当然有！那么，你要不要自己找出来？

5 是下跌浪的尾部，7 是、9 也是。然后观察它们的特征，上涨浪的尽头都出现了上影线，下跌的特征呢？ 5、7、9 都在 30 日均线获得了支撑。盘整的特征呢？盘整出现在什么之后？而后出现了什么走势？去观察。然后再反过来看，也就是盘整出现在什么之前？

如果连观察都没观察，特征都不知道是什么的话，即便是你广撒网，把班长说的股都买进了，今天收获利君股份的大涨又有什么意义？炒股就要炒的明明白白，明明白白才能从从容容，从从容容才能气定神闲的游走于涨跌之间。所以决定好心态的真的不是心态，是认识。

现在你知道抓特征了，但还不知道特征有什么意义没有关系。为什么没关系？因为我们学的就是学会学习，学会学习就是学会找问题。学会找答案，学会怎么分析、炒股！特征有了，不明白什么意思没关系，抓着特征我们来到第二步。

第二步，分析走势特征的原因，根据涨、跌、盘整的特征，找到原因、给出解释。注意，这个是“找”到原因给出解释，而不是“想”到原因给出解释。这其中根本性的区别是什么？前者是建立在事实存在的走势上，而后者是操作者的凭空臆测。

上节班长讲了，在真正明确了学习目的、真正懂得了学习本质的基础上，真正按照科学的学习方法进行学习。如果这里你用错了方式，用“我觉得”“我认为”的原因解释，那就是大错特错了。

那么，为什么涨的有上影线呢？为什么图中 1 区在那里形成了高点而不是低一些或者更高一些？为什么 2 那里没有再拉高一些？为什么 6、11 的高点是在那里而不是更高一些，原因是什么？

问题从哪来，答案就到哪找。问题从走势中观察而来，答案就从走势中观察寻找。我们来拉长利君股份的走势图再观察高点为什么在那里，如图 2–6。

为什么图 2–5 中的 1 的高点停留在那里，而不是涨的更高？通过观察图 2–6 不难发现，因为 1 对应了前期的一个高点 A 区。

为什么图 2–5 中的 2 的高点停留在那里，而不是低一些或者没有继续涨的更高一些？因为 2 对应了前期的一个高点 B 区。

为什么图 2–5 中的 6 的高点停留在那里，而没有继续涨高一些？因为 6 对应了前期的一个高点区 C。

什么是会学？会学就是会问，会问就是会观察，会问会观察就是会把走势搞的明明白白。你不仅仅是要看到标注的 A、B、C，还要观察到 A、B、C 的特征是什么。所谓举一反三，班长由 1、2、6 高点产生的问题，找到了前期三个高点压力区 A、B、C。然后，你要学会反过来看，也就是说当你看到 A、B、C，要想到以后对走势构成的阻力。

举一反三、延伸、拓展，这是学习能力的范畴。养成举一反三、延伸拓展的习惯，你就会越来越明白走势，越来越明白走势也就意味着越

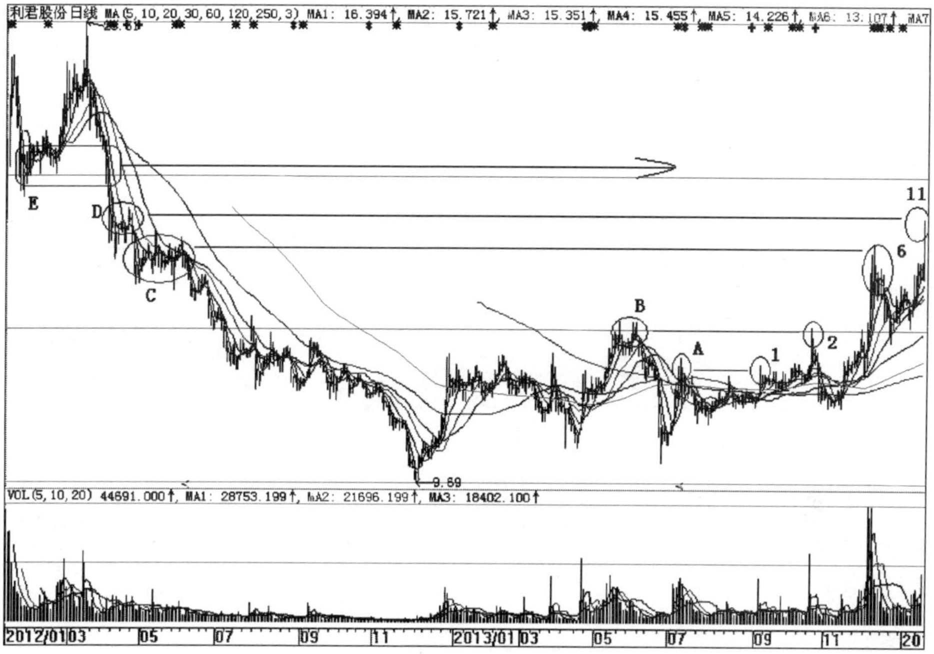

图 2–6　利君股份 002651（2）

来越明白你的操作如何“走”。

11 这里也是上影线，是不是也一样不会继续涨上去？首先，走势特征你得抓住吧？上影线。其次，原因你得找到吧？ D 区成交压力区。11 突破了 6 上攻了 D，要不要涨你先不要问。那么，下跌的空间多大？上攻的空间多大？最后，要不要涨已经不是问题了，适不适合你才是你的问题。

再来看图 2–5 中盘整的原因，如图 2–7。

图 2–5 中的 3 区盘整区，为什么在这里支撑住了，为什么是在这里盘整？你通过图 2–7，能不能找到原因？盘整区也不会毫无原因的存在，就像上涨止住的地方不是毫无原因的存在一样。

3 区盘整区是历史成交密集区，历史上的下跌支撑位，上涨阻力位多次出现在了这个地方。

再看 8 区，为什么这里盘整？因为 6 区这里有个密集成交区构成了

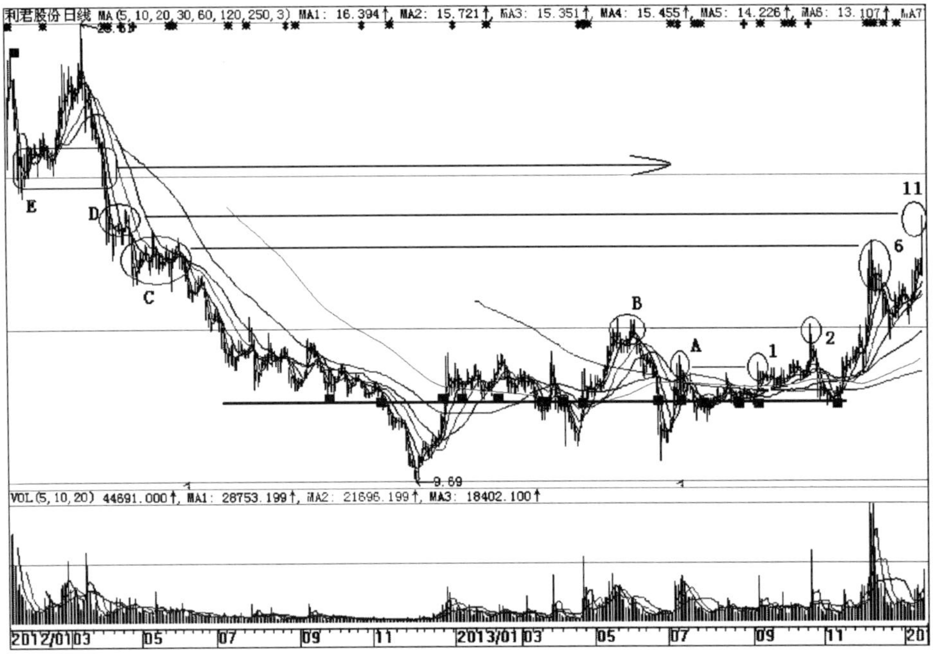

图 2-7　利君股份 002651（3）

压力区。

再看 10 区，还是因为 6 区的密集成交区下跌后构成了阻力区。

盘整不会毫无缘故的盘整，再看下跌止住的地方 5、7、9。5 这里有 20、30、60 日均线三线聚拢区。密集成交区和均线聚拢区的性质是一样的，原理就是股价永远向着阻力最小的方向前行。便如同欺软怕硬的世道，好欺负的阻力小。世道里有市道，市道里亦有势道。下跌止住的地方不会毫无缘故的存在。

7 区是 30 日均线，但是同时也对应了 2、4 区；9 区依然在 30 日均线获得支撑，也对应 2、4 区。

上面说密集成交区和均线聚拢区的性质是一样的，异曲同工的就不会出现背道而驰。密集成交区看不清时让均线辅助看，均线看不清时在 K 线上找密集点辅助看。

最后，我们能做什么？凭什么做？

先拿盘整来说，3区盘整，你看到了密集成交区。你能做的是买进，但是凭什么？凭你看到了盘整，看到了密集成交区？没有人可以给你保证盘整区，在密集成交区盘整后就一定会是突破。

同样，1、2、6都这样了，11这里你能做的是什么？没持股就看，持股了就卖？凭什么？因为1、2、6见上影线后都随之下跌了，但是没有人能给你保证11区就会是下跌。我们来看1、2、6区，止涨不会无缘无故存在。你能做的还有很多，不是只有买或者不买。

学会学习了，就要举一反三、拓展延伸。比如1区、2区出现这样的情况时，突破后你会不会追进？人心思涨，且看到突破，为何不看涨？看涨没有错，但是学习了班长的“望、闻、问、切”，在你看涨之后还要“望、闻、问、切”。一望特征，二闻原因，你原先看涨的心要不要缓一缓？

那么，再回到11区这里你能做的是什么？不是你心思涨不思涨的问题，而是在上有压力区，下有支撑区的情况下，你知道它是一只什么样的股了，明确你想要什么样的操作收益，然后才决定要不要。

11区这里，回调有回调的空间，上涨有上涨的空间，只是空间的幅度你要搞清楚，然后才是哪里进的问题。

再回到3区，盘整要不要突破，你可以根据“望、闻、问、切”看涨，但是在没有涨之前，你最好什么都不要做，因为盘整的突破还没有构成事实。

再去看5区、7区位置，是下跌，也是上涨里的下跌，多头排列里的下跌，也就是说你可以认为支撑会支撑的住，但是在支撑住以前你最好清楚，这是你想象的“会支撑住”，而不是市场给你说：“哥撑住了，买我吧”。

凭什么？最后总结一句话，就是你永远没有百分百的依据。为什么要有这点认识呢？就是让你知道在任何操作里，市场都是没有定数的。你永远都不要有“绝对上涨”“必定飙升”“一定拉升”的想法。

再来第四步，通过“望、闻、问”，在这样的走势中，要如何操作才够简单、干脆、有效？才够完美？ 3区盘整，盘整后还要选择，够不够干脆？选择后才干脆。所以盘整时你参与吗？

1区突破，但是通过“望”特征、“闻”缘由，你知道面对压力，不知道会不会突破的，1区这里买进够不够干脆？突破压力后才干脆。

5、7、9这里支撑不支撑的住？首先这是多头排列回调里的下跌，跟下跌趋势空头排列里的下跌，性质是绝对不一样的。空头排列下跌趋势里的下跌我们就不说了，为什么不说，它跌它的关我们什么事，你又不做空卖空，所以等它什么时候不跌了再说。

其次，多头排列里的下跌，支撑这里是最干脆的。支撑的住就是上涨，撑不住就是下跌。但是要如何在支撑买，才完美呢？这个如何才完美这节先不展开。

无论是上涨，还是盘整，还是下跌（下跌趋势里的下跌，上涨趋势里的下跌）。知道特征，知道特征的原因是什么。你什么都知道了，那么追不追？抄底不抄底？哪里买进？现在你应该有个大致方向了。

我们细致的完成了一遍个股的“望、闻、问、切”，再来完成一遍操作者的“望、闻、问、切”。

第五步，从“望”里发现了什么知识、什么特征、什么规律？

你要不要记下来？要不要写下来？以免过几天又忘记了。

第六步，从前辈经验里汲取知识。经过“望”的特征，从“闻”出来的原因、解释里应该汲取什么样的知识、特征、规律，为你今后所用？要不要总结出来，写出来，记下来？

第七步，平常的你是怎样交易的？问题往往出在哪里？经过“望、闻、问、切”以后要注意哪些方面？比如，通过走出来的找出原因，再通过原因知道走势的节奏。假设我想在1区买，往往这样的突破我就跟进了，但是经过“望、闻、问、切”，我会观察，会解释，会运用了，会运用以后就可以避免这样无效的跟进。

那么，你要不要多举几个例子，或者回头翻看下你的操作，然后做个记录写下来，加深印象，这样可以帮你避免以后再出现这样的无效操作，减少不必要的亏损。

当然，既然是让你多“比如”，就包括在盘整中下手早的，卖早卖晚的，追进的等等。

第八步，完善了操作，还要完善运用知识的能力。经过第四步和第七步，你已经完善了操作，勤加练习可以避免很多不必要的亏损，以及费力不讨好的操作。但是还要完善运用知识的能力。

问题解决不了是视角局限，放大看，就像 1 区你追进，往往是没看到 1 区对应的压力区,“望、闻、问、切”就是放大视角全方位透视的过程。

而运用知识的能力解决不了，往往也是因为视角局限，只有打开视线，不局限于某个地方才能更好的完善运用知识的能力。

如何打开视角格局，如何不局限？还是举一反三、拓展延伸。如果班长讲到哪你听到哪，甚至都听不到，别说拓展延伸了，你永远不能不断完善自己运用知识的能力。

第二股：日科化学 300214

如图 2–8,图 2–9,来“望、闻、问、切”八步走,两遍“望、闻、问、切”,班长通过例子一步一步的给同学们讲解了一遍，剩下日科化学这只股，留给同学们自己照猫画虎完成“望、闻、问、切”。

你要做的是学会学习，学会不是听会，所以看后你起码要把这八步写出来。当然了,不写出来班长也不罚款,只是你想想买书是为了什么,股票亏损的时候你想让谁替你亏损、让谁替你努力？

最后，对于本节提到的技术，切莫把技术当成赚钱的一种技术性操作，而是一种运用技术的技术能力。

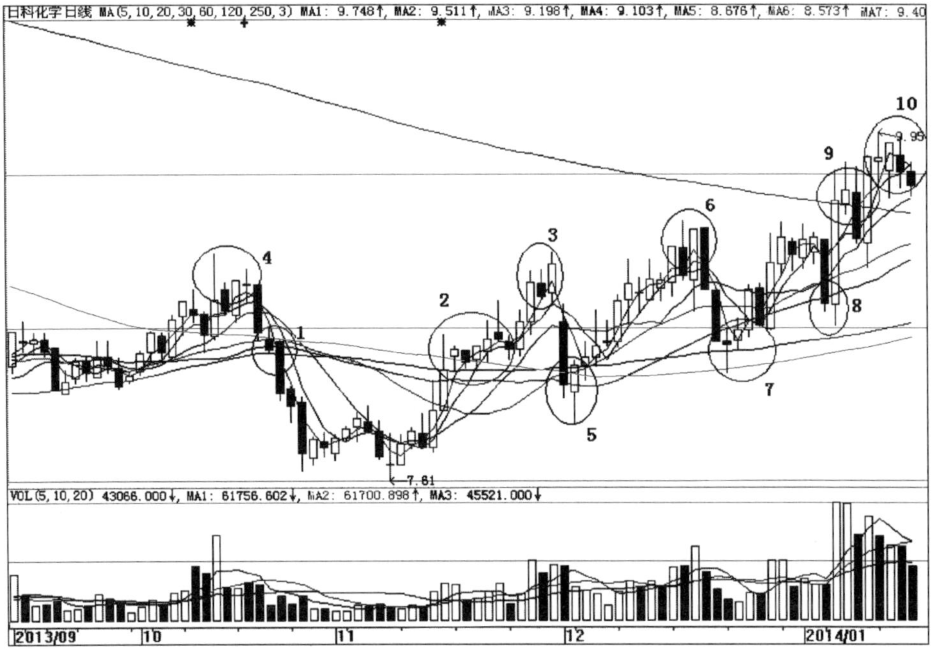

图 2-8　日科化学 300214（1）

图 2-9　日科化学 300214（2）

同学们的功课与班长点评摘录一

摘录比较长，班长建议同学们看完之后再看下一节，因为这样有助于理解后面的内容。

日科化学 300214

第一步，来看走势特征，涨、跌、盘整的特征。首先你要做的是什么？ 找到上涨浪、下跌浪、盘整区，其次才能观察特征。

如图 2–10 所示，上涨浪:4、3、6、10；下跌浪:1、5、7、8；盘整区：1、2、9。然后观察特征，上涨浪的尽头都出现了上影线，下跌的呢？ 5、7、8 都在 60 日均线撑住了。1 是下跌时的盘整后又下跌，2 是上涨时的盘

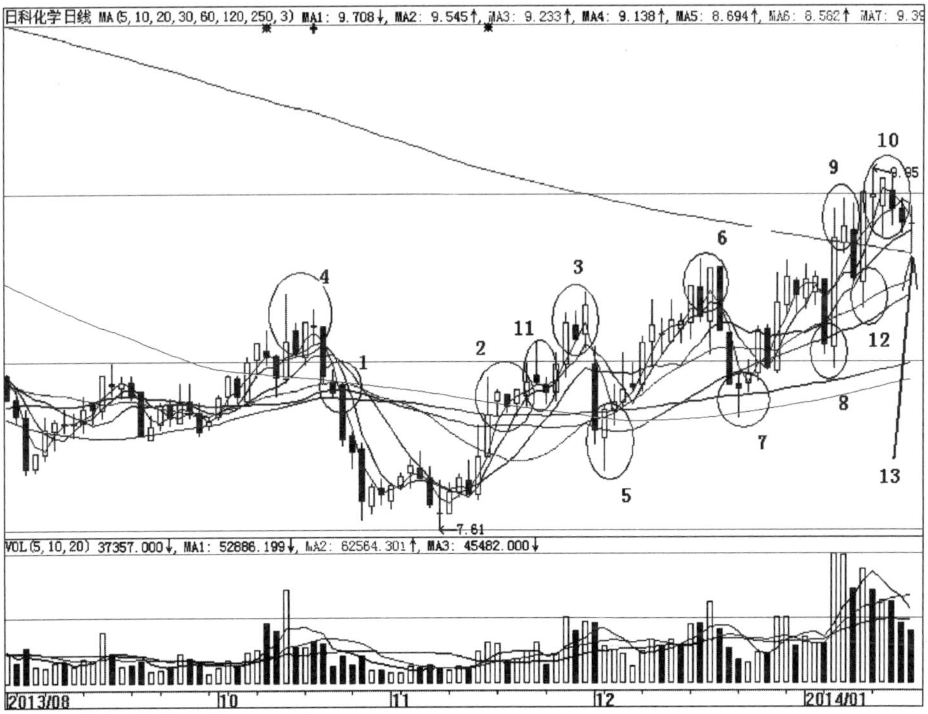

图 2–10　日科化学 300214（1）

整后上涨，9 是上涨时的盘整后上涨。

第二步，分析走势特征的原因，根据涨、跌、盘整的特征，找到原因、给出解释。

为什么 4 那里没有继续涨上去？为什么 3 那里没有继续涨上去？

为什么 6 那里没有继续涨上去？为什么 9 那里没有继续涨上去？

如图 2-11 所示，4 对应了前期的一个 A 区；3 对应了前期的一个 A 区；6 对应了前期的一个 B 区；10 对应了前期的一个 C 区。

再来看盘整的原因：因为 1 区这里有个密集均线区构成了支撑区；看 2 区，为什么这里盘整？因为 4 区的密集成交区下跌后构成了阻力区；再看 9 区，还是因为 B 区成交压力区构成了阻力区；

再看下跌止住的地方 5、7、8，5 这里有 20、30、60、120 日均线四线聚拢区，7 区是 60、120 日均线，但是同时也对应了 1、2 区，8 区在 30、60 日均线获得支撑，也对应 1、2 区。

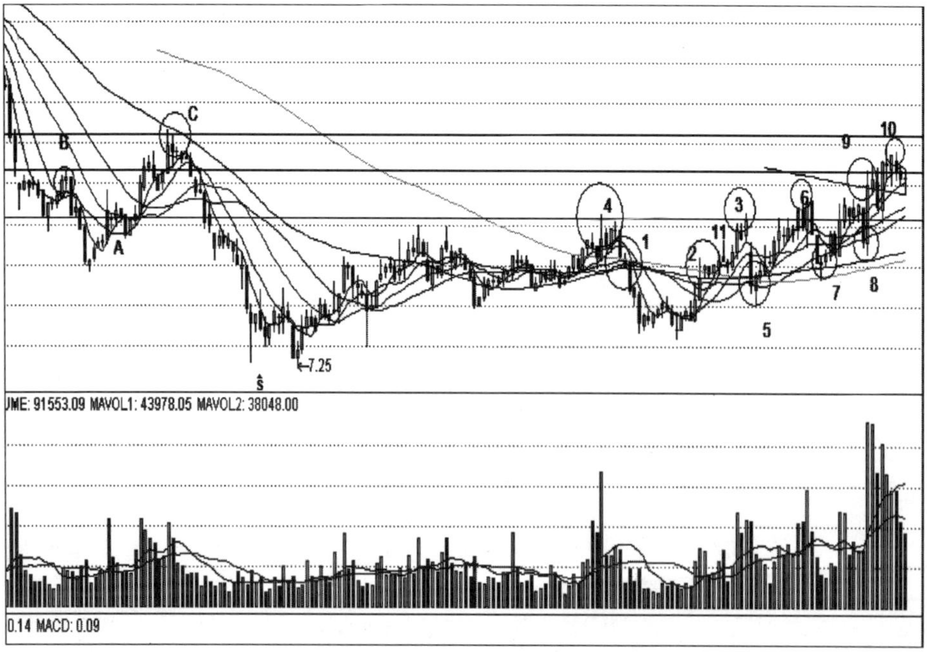

图 2-11　日科化学 300214（2）

班长点评：即问即答，两步完成，意味着学会了看盘，懂得了走势。如果我们连走势都看不明白、看不懂，又怎能做出正确的操作？这就是我们第一步第二步的意义和价值所在！

第三步，在这样的走势当中，根据涨、跌、盘整，我能做什么？凭什么做？

1、2、9 盘整，什么都不做，不参与只是观察。

班长点评：为什么不做，观察又是为了什么，班长希望你是明白的。

4、3、6、10 这里可以卖出，因为遇到压力，但要告诉自已卖出后不一定非跌不可，卖出后可以再次站上密集均线后买进。

班长点评：那么，这里要卖出的话，果真没有跌，作何打算？认识到没有？只有这样才能在卖出后果真遇到涨了却涨跌不惊！

5、7、8 位置这是多头排列里的下跌，这里可以买进，因为下有支撑，但要告诉自已买进后不一定非涨不可，买进后跌破支撑要止损。

班长点评：这里已经有了果然要跌破的应对策略，但是到时候能不能止损呢？不是一句能就代表一定能做到，真正要做到还是要认识。所以，继续对这个“买进后跌破支撑要止损”来“望、闻、问、切”，比如不止损会面临什么？止损了有什么用？

第四步，通过“望、闻、问”，在这样的走势中，我要如何操作才够简单干脆有效？才够完美？

1 区盘整，盘整后还要选择，够不够干脆？选择后才干脆，所以盘整时不参与。

班长点评：这样就很清楚，真正知道为什么不买了，那么相信在实际交易时，你就真的可以做到干脆的交易。

2 区站上密集均线，2 区后的 2013 年 11 月 27 日阳线突破 11 后给出了向上的方向，可以逢 5、10、20 日均线支撑买，但是要看到上有压力，暂缓买进。

班长点评：依然是很清晰的思路，已经学会了怎么看盘，懂得了分析，自然学会了怎样炒股，剩下的就是巩固加强，同样的方法，多找几个标的股，将所学拿来运用、吸收。

4 区突破，但面对压力，不知道会不会突破的，突破压力后才干脆，不买。

班长点评：同 1，会不会的交易不是不做，而是把期望放在会不会的交易上，那预期的交易结果就直接变成了“会不会”，谁会傻到还没出手，就告诉你只有一半的可能性？交易就是这样，筛选筛选再筛选，学会炒股学会的是什么？就是会炒股，一个“会”字就是精髓。

8 区之前 12 月 27 日站上密集均线后出现盘整，盘整后于 1 月 6 日跌破密集均线支撑，1 月 7 日大阳拉起突破 6 区，收复失地，重新指明了方向，7 日后可以逢 5、10、20 日均线支撑买。

班长点评：指明了方向，但是再往上是不是依然面临压力区？空间有多大？这也是要考虑的，不然跟 6 突破 3 有什么区别？

第五步，从“望”里发现了什么知识、什么特征、什么规律？

涨是震荡后突破开始的，持续上涨的特征是没有压力；震荡是在支撑之上或者压力之下进行的；下跌是在跌破支撑后开始的。

班长点评：如何加以运用呢？以后看盘时，如何运用到自己的看盘经验里呢？

第六步，从前辈经验里汲取知识。

水平支撑点跌破了后瀑布式下跳，跌不回来是因为之前突破压力现在变成了支撑。

班长点评：前辈的经验有了，如何汲取到实际交易里呢？在交易中遇到这样的走势时，你要如何做？

第七步，平常的你交易是怎样的？问题往往出在哪里？经过“望、闻、问、切”以后要注意哪些？

平常的交易喜欢追高，往往是没看到对应的压力区，但是经过“望、闻、问、切”，知道如何观察，会解释，会运用了，会运用就是避免以后的无效跟进。

班长点评：说的太好了！另外，自己的交易还有哪些问题？比如制约你获利更多的问题出在哪？“望、闻、问、切”解决掉，你的交易盈利就会越来越高。

第八步，完善了操作，还要完善运用知识的能力。

经过第四步和第七步，你已经完善了操作，勤加练习可以避免很多不必要的亏损，以及费力不讨好的操作。

班长点评：怎么完善运用知识的能力？比如你之前所学的知识，在听了课，看了第八步以后，你所学的知识有没有想到完善之法？

同学们的功课与班长点评摘录二

第一步，来看走势特征，涨、跌、盘整的特征。

4、3、6、10 是突破上涨浪；5、7、8 是下跌浪；1、2、9 是盘整。

班长点评：涨、跌、盘整的特征分别是什么？

第二步，分析走势特征的原因，根据涨、跌、盘整的特征，找到原因、给出解释。注意，这个是找到原因、给出解释。

4 对应的是 2013 年 6 月和 10 月形成的压力区；3 对应 4 区和 4 的压力区；6 对应 A 压力区；10 对应 C 压力区；走势里出现长上影说明有抛压出现，因此出现回落；5、7、8 对应前期密集成交区，下有 30、60、120 日均线密集均线支撑，因此出现下影结束调整。1 是下跌时遇到前期密集成交区和下方密集均线阻挡，2 是上涨时遇到 1、4 和密集成交区阻挡，9 是上涨时遇到 250 月均线线和 B 区压力，因此稍作停留出现盘整。

班长点评：班长没有画出来的，能不能找一些出来并找到原因、给出解释？

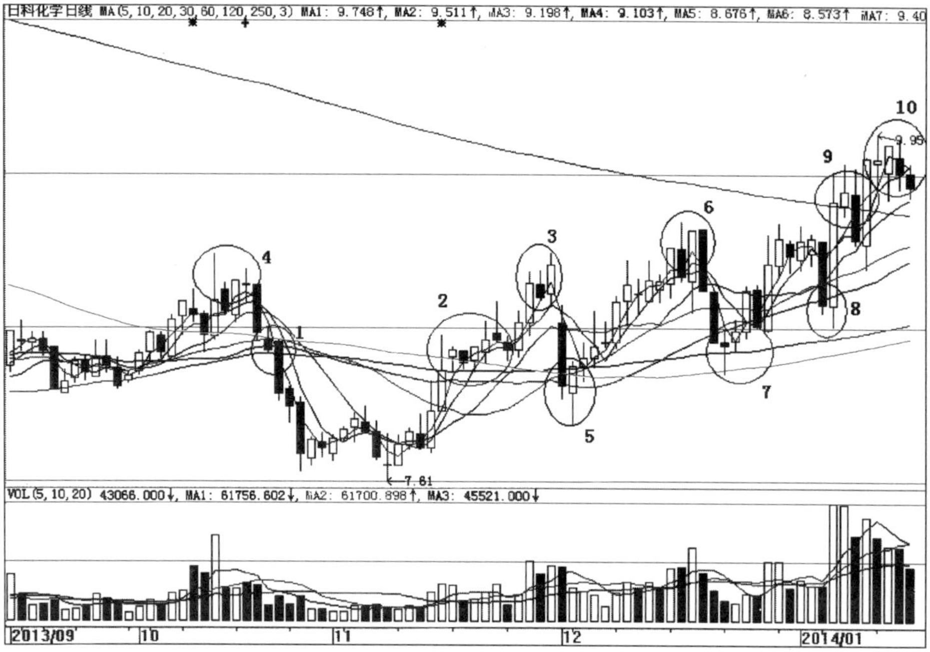

图 2-12　日科化学 300214

第三步，在这样的走势当中，根据涨、跌、盘整，我能做什么？凭什么做？

4、3、6、10 这里可以卖出，因为遇到压力，但要告诉自已卖出后不一定非跌不可；5、7、8 这里可以买进，因为下有支撑，但要告诉自已买进后不一定非涨不可；1、2、9 这里是盘整，我们就观察它，一般原则下不参与盘整。

班长点评：这个但是要告诉自己，很重要！剩下的，就要想想，可以买进或卖出，告诉自己买进或卖出后不一定非涨或跌不可，那么买进或卖出了，应该做什么样打算或者准备？

第四步，通过“望、闻、问”，在这样的走势中，我要如何操作才够简单干脆有效？才够完美？

2 区站上密集均线，2 区后的 11 月 27 日阳线给出了向上的方向，可以逢 5、10、20 月均线支撑买，但是要看到上有压力，暂缓买进。

班长点评：真好！知道原则上能不能买，又知道自己为什么不买。

8 区之前站上密集均线后出现盘整，盘整后于 1 月 6 日跌破密集均线支撑，1 月 7 日大阳拉起，收复失地，重新指明了方向，7 日后可以逢 5、10、20 日均线支撑买。

班长点评：看了第三步，相信为什么盘整，你知！盘整要干什么，你亦知！

第五步，从“望”里发现了什么知识、什么特征、什么规律？

压力可以变成支撑，支撑也可以变成压力，两者互为阴阳。

班长点评：“望”出了涨、跌、盘整，那么涨、跌、盘整这些里，我们分别能总结出什么特征、规律、知识？

第六步，从前辈经验里汲取知识，化解压力的过程是一个从量变到质变的事情。

班长点评：这个过程对你的操作以及操作思想有什么启发？以后分析、操作上应该如何体现出来？

第七步，平常的你交易是怎样的？问题往往出在哪里？经过“望、闻、问、切”以后要注意哪些？

平常买进时不要冲动，5、10、20 日均线应分批买，不做一锤子买卖。

班长点评：学习之前你的交易是怎样的？通过这些步骤，觉得有哪些需要改进的？而不是一下子变成分批买。毕竟个人交易习惯是很难改变的，从个人交易习惯里纠偏、完善，效果最好。

第八步，完善了操作，还要完善运用知识的能力，继续看班长的讲义，虚心请教。

班长点评：记得看《风雨哈佛路》这个电影时，有段对白很有意思。学生问导师，为何不读教材，导师转而换了一个问题让女生回答，女生回答的正好是老师要的答案。大概意思就是“教条主义”，如果所有的人看同样的教材，而不是从不同的角度去理解这个社会乃至世界，学校等于是工厂批量生产，没有一点创造性！而昨晚班长在第八步说的“不局限于某个地方”，这个“地方”包括班长这里。完善能力不仅仅要从自身看，还可从其他操作者里来看，看别人怎么运用的，自己和别人的区别在哪里，哪些地方时可以取长补短的。

同学们的功课与班长点评摘录三

长城集团 300089

第一步，来看走势特征，涨、跌、盘整的特征。看走势特征，涨、跌、盘整的特征，那么，首先你要做的是什么？找到上涨浪、下跌浪、盘整区，其次才能观察特征。

如图 2–13 所示，上涨浪 3、6、8；下跌浪 7；盘整区 1、2、4、5；然后观察特征，上涨浪 3 的尽头出现了上影线。下跌的呢？7 在 20 日

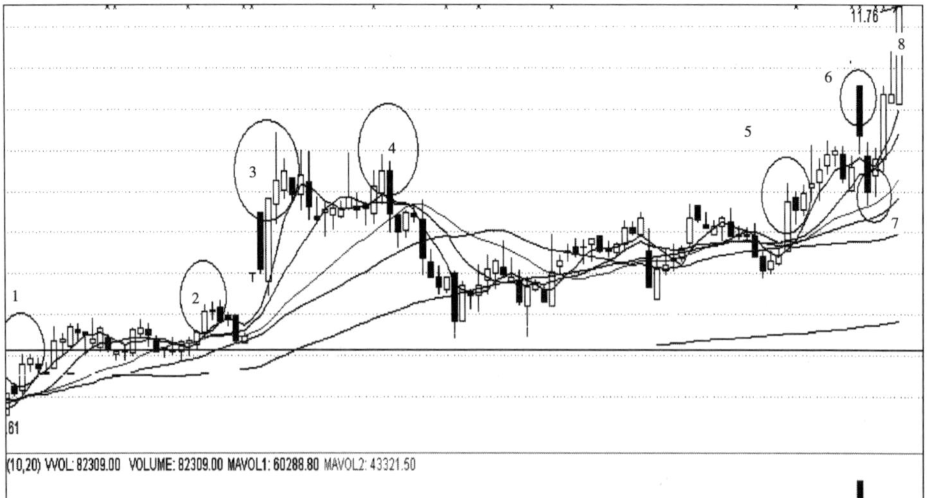

图 2–13　长城集团 300089（1）

均线撑住了。1 上涨时盘整后上涨，2 上涨时盘整后下跌。

班长点评：将班长说的步骤和要点抓出来，然后去按照方法做的这种方法是值得学习的，有的同学说不知道怎么做，还有的同学不但不知道怎么做，还给自己找了不少借口，比如自己基础差之类的，基础再差，按照这样的方法，都能做出“模样”来！希望没做功课的同学，向该同学学习这种学习态度。

第二步，分析走势特征的原因，根据涨、跌、盘整的特征，找到原因、给出解释。

为什么 3 那里没有继续涨上去？为什么 6 那里没有继续涨上去？为什么 8 那里没有继续涨上去？

如图 2–14 所示，3 对应了前期的一个 A 区；6 对应了前期的一个 B 区高点；8 对应了前期的一个 C 区。

看 1 区，为什么这里盘整？因为 D 区的密集成交区下跌后构成了

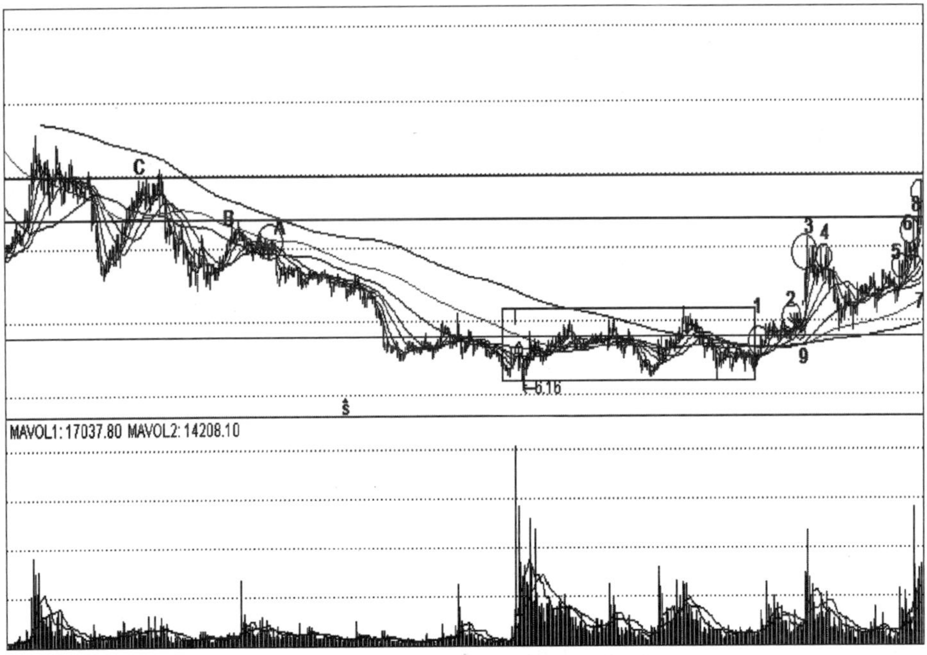

图 2–14 长城集团 300089（2）

阻力区；再看2区因为D区的密集成交区构成了压力区；再看下跌止住的地方7、9。7这里有10、20、30日均线三线聚拢区，同时也对应了1区，9区在20日均线获得支撑。

班长点评：看完这位同学的第一步第二步，没做功课的你作何感想？

第三步，在这样的走势当中，根据涨、跌、盘整，我能做什么？凭什么做？

1、2、4、5盘整，什么都不做，不参与只是观察；3、6、8这里可以卖出，因为遇到压力，但要告诉自已卖出后不一定非跌不可，卖出后可以再次站上密集均线后买进。7、9位置这是多头排列里的下跌，这里可以买进，因为下有支撑，但要告诉自已买进后不一定非涨不可，买进后跌破支撑要止损。

班长点评：问题同前面点评的日科化学一样，不再重复。

第四步，通过“望、闻、问”，在这样的走势中，我要如何操作才够简单干脆有效？才够完美？

3区前2013年9月13日跳空突破箱体涨停后，可逢3、5、10日均线买进，6突破3后逢5、10、20日均线买入。

班长点评：这两处走势干脆，干脆到哪了？为什么干脆？你应该清楚，以便以后操作中，你知道为什么你选的这笔交易会干脆，以及清楚为什么你放弃的那笔交易会不干脆。

第五步，从“望”里发现了什么知识、什么特征、什么规律？

涨是震荡后突破开始的，持续上涨的特征是没有压力；震荡是在支撑之上或者压力之下进行的；下跌是在跌破支撑位开始的。

班长点评：问题同前面点评的日科化学一样，不再重复。

第六步，从前辈经验里汲取知识。

经过“望”，从“闻”出来的原因、解释里应该汲取什么样的知识、特征、规律为你今后所用？要不要总结出来，写出来，记下来？

水平支撑点跌破了后瀑布式下跳，跌不回来是因为之前突破压力现在变成了支撑。

班长点评：问题同前面点评的日科化学一样，不再重复。

第七步，平常的你交易是怎样的？问题往往出在哪里？经过“望、闻、问、切”以后要注意哪些？

平常的交易是喜欢追高，往往是没看到对应的压力区，但是经过“望、闻、问、切”，我知道会观察，会解释，会运用了，会运用就是避免以后这样无效的跟进。

班长点评：问题同前面点评的日科化学一样，不再重复。

第八步，完善了操作，还要完善运用知识的能力。

经过第四步，和第七步，已经完善了操作，勤加练习可以避免很多不必要的亏损，以及费力不讨好的操作。

班长点评：问题同前面点评的日科化学一样，不再重复。

同学们的功课与班长点评摘录四

长城集团 300089

长城集团的八步分析。

第一步：走势特征（图 2–15）

1 突破密集均线后冲高回落，留下大阴线。回落后连续多天震荡，震荡后逐渐跌到密集均线以下。

2 再次突破密集均线，继续盘整，盘整后向下在 20 日均线受到支撑，再次向上。3 和 4 也是盘整。

4 区盘整回落在 30 日均线受到支撑，形成一波上升浪，即 5。5 冲高回落，留下上影线。6 冲高回落，留下上影线。

7 盘整，8 在 3、5、10、20 日均线密集区盘整数日后选择了向下。

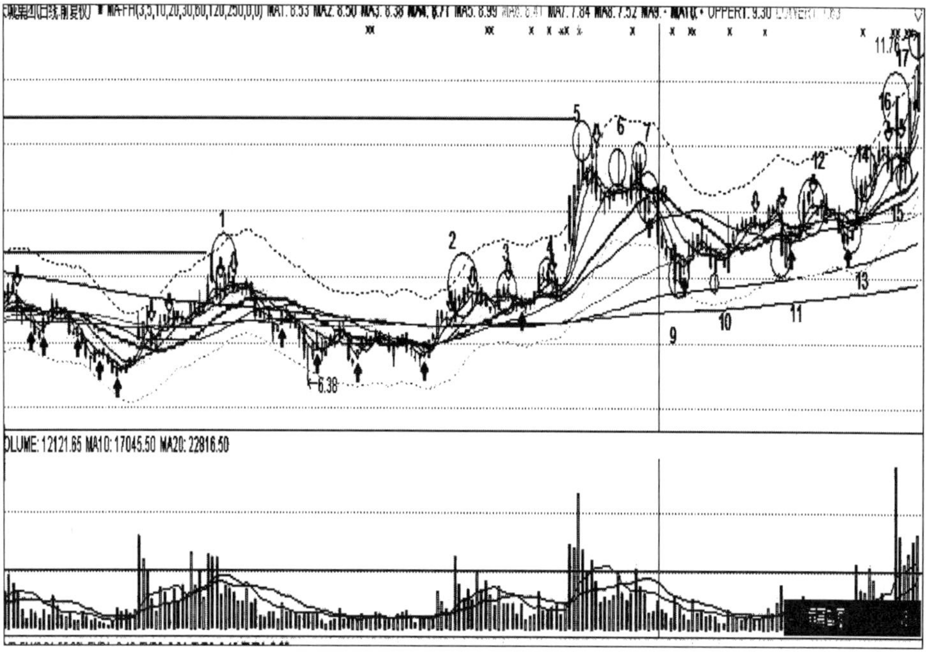

图 2-15　长城集团 300089（1）

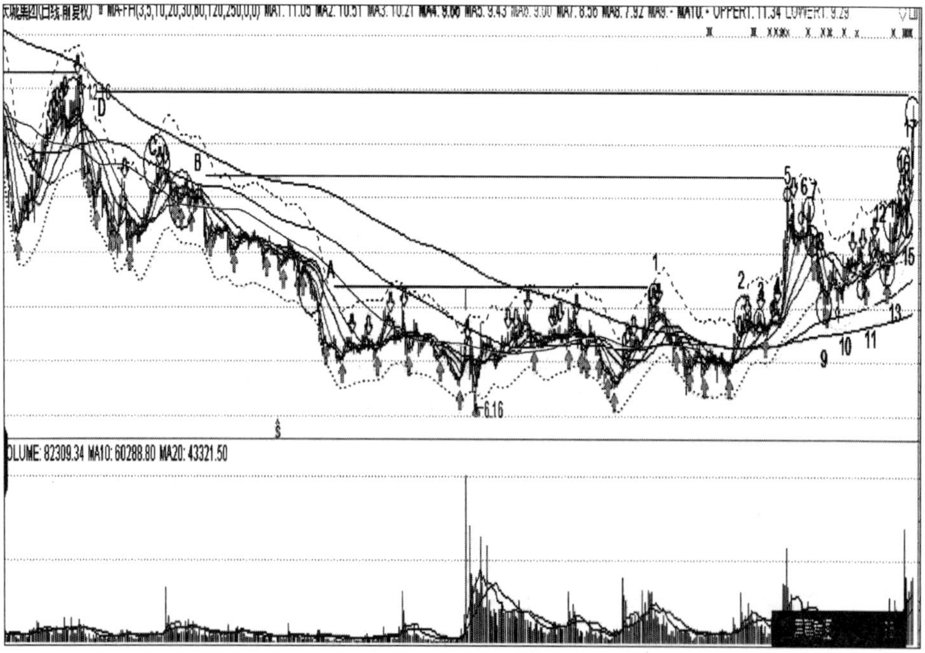

图 2-16　长城集团 300089（2）

12、14 盘整。

16 上升浪，冲高回落，留下下影线。17 上升浪。

9、10、11、13、15 是下跌浪，9、10、11、13 在半线年处受到支撑，且底部区域逐渐上移。15 在 20 日线受到支撑。

班长点评：不得不说，这是第一步观察里的新突破，多角度观察了走势的特征，在班长讲解的基础上找到了其他角度，对上涨、下跌、盘整的特征做了讲解。

第二步：分析走势特征（图 2–16）

1 的冲高回落，对应 2012 年 11 月 27 日高点（未在图中标注）和 A 区；2、3、4 的盘整都是对应 1；5 对应前期的密集阻力区 B；6、7 对应 5；12 对应 8；14 对应 6、7 的高点；16 对应前期的 C 区；17 对应前期的 D 区。

下跌浪的 9、10、11、13 在半线年处受到支撑，且底部区域逐渐上移。15 在 20 日均线受到支撑。

班长点评：细致、全面，希望多拿几只股来重复下步骤，加深印象以养成习惯。

第三步：在此走势中，我能做什么？

1 首次突破密集均线，前面有 2012 年 11 月 27 日高点和 A 区的压力带，且均线多头排列不明显—选择观察。

班长点评：有理有据，你知道自己在做什么，并且清楚为什么这样做。

2 再次突破密集均线，但因有 1 的高点压力—选择观察。

班长点评：对自己交易的选择，你清清楚楚明明白白。

3 有 2 的高点压力—选择继续观察。

4 中因 9 月 15 日的大阳线，量放大，且均线排列有序—选择买入。

班长点评：结合第四步的买入方法，堪称完美。

5 冲高回落，留下上影线，左侧有 B 的压力带—选择破 5 日均线卖出。

班长点评：结合疏通时认识到的压力区，你清楚为什么卖，明白自己的交易为什么是这样子。

6 冲高回落，留下长上影线，并未有效站上 10 日均线—选择关注。

7 站上短期均线—选择买入。

班长点评：站上短期均线，但是在没有过 5 情况下，也就是情况不明朗时，选择买入根据的是什么？考虑是否周全？

9、10、11—选择观察。

班长点评：观察、等待什么，自己心里要清楚明白。

12—选择买入。班长点评：同 7。

13—选择卖出。班长点评：跟 7、12 关联着。

14—选择买入。班长点评：同 7。

15 后重新站上短期均线，且均线排列有序—选择买入。

班长点评：最关键的一点是 16 突破了 5 日均线多头排列里的回调。

17—选择持有。

班长点评：持有策略是什么？班长还没讲，但是最好的前辈不是班长而是谁？看看"前辈"以往在涨势里最后怎么结束上涨的，观察如何卖出才周全。

第四步：如何操作才简单干脆？

4—因 9 月 15 日的大阳线，量放大，且均线排列有序，分仓（5、10、20 日均线）买入，止损为 30 日均线（但 9 月 12 日仅破 30 日均线 2 分钱，如何操作？）。

班长点评："望、闻、问"的目的就在于让我们学会观察，观察到跌破 30 日线而卖出的损失要比跌破 30 日线后再看两分钱的损失要大的多。买进时也是一个道理，如果是回踩 10 日线买进，但是差一两分钱跌不到 10 日线呢？学会观察，学会学习，学会思考，学会运用，就是这样。

14—选择 5、10、20 日均线买入，16 区冲高后，调整为破 10 日均线止损。15 后重新站上短期均线，且均线排列有序，可沿 3、5、10 日均线买入。17—虽有前期 D 的压力带，可选择继续持有观察，调整止损线为 5 日线。

班长点评：为什么 14 之后没有 15 之后的上涨猛烈？差别就在于 15 是 16 突破了 5 日均线多头排列里的回调，均线 + 突破前期高点 + 多头排列里的回调；17 的问题同第三步的 17。

第五步：发现了什么知识、特征、规律？

（1）选择突破密集均线，扭转了跌势的股票观察操作。

（2）连贯的看走势，扩大视角看压力区。

（3）均线呈多头排列。

（4）上升趋势中的下跌浪的底部上移，可沿支撑买入，但要设置止损线。

班长点评：罗列的 1、2、3、4 很清晰，方向找到了，我们是否可以把这些内容详细整理出来做个总结，别让脑海里的知识碎片再悄然离去。

第六步：从前辈的经验中汲取知识。

一是打开视线，扩大视角，学会看左侧的压力带、支撑区；

二是尽量选择突破并站上年线的股票操作；

三是均线聚拢发散，呈多头排列。

班长点评：第三步的 17，回答里有汲取知识的方法。

第七步：平常你的交易是怎样的？问题出在哪里？今后需要注意哪些？

我的交易原则：①看日线形态，参考周线；②均线多头排列；③因看均线的能力有限，平常参考 MACD 和 RSI 两个指标；④逢支撑线买入，一般最多分两次。

班长点评：指标反映的是什么要清楚，是什么的体现要明白。

问题：一是持有股票时，往往会受当天的波动影响，随意变化操作策略；二是计划制定后，买入不够果敢，经常犹犹豫豫，且分仓买入计划执行不好。

班长点评：对自己“望、闻、问、切”，找到根结之所在，对症下药才能药到病除，否则只知不果敢，却不知为何不果敢，只知犹豫不知为何犹豫，什么时候也不能真正解决问题。

三是观察个股时只局限于某个区域，视野不开阔；四是对涨势相对过高的个股买入有恐高症；五是买入后总是寄希望于涨；六是总是频繁更换股票操作，不能耐心观察一只股票的长期趋势。

班长点评：同上一问题，希望通过对自己的“望、闻、问、切”，来真正搞清楚为何有这样子的情况，以便真正找到症结，对症下药。

以上的问题，需要通过提高知识的技能不断努力克服。

班长点评：通过什么样的方式来完善知识、提高能力？要有认识，之后才能坚持这样的方式。

第八步：完善操作，还要完善运用知识的技能。

学会观察、观望和等待。努力学会严格的执行操作策略，做到知行合一。对每次的操作要分析成功和失败的原因，不再盲目。

班长点评：后一句非常重要，是不断提升的保证，寥寥数语却需要你用持之以恒的学习、求进精神去探索去发现去成长，加油、坚持！

同学们的功课与班长点评摘录五

第一步：观走势的气色，特征（图 2–17 至图 2–24）。

第二步：找到原因，给出解释。

第三步：根据涨跌盘，我能做什么，凭什么做？等待，更多地等待。

第四步：如何操作才简单干脆有效？才完美？

在能量汇集爆发点介入，趋势形成（多头有序）休息点，退出在高压区。

班长点评：在疏通走势上下大功夫，是最细致的功课，问题多出在没有处理好观察来的信息，比如干脆的买点，观察出来的信息是什么？就可以用来解决买点疑惑的问题，那样图中间的买点就会清楚了。没有

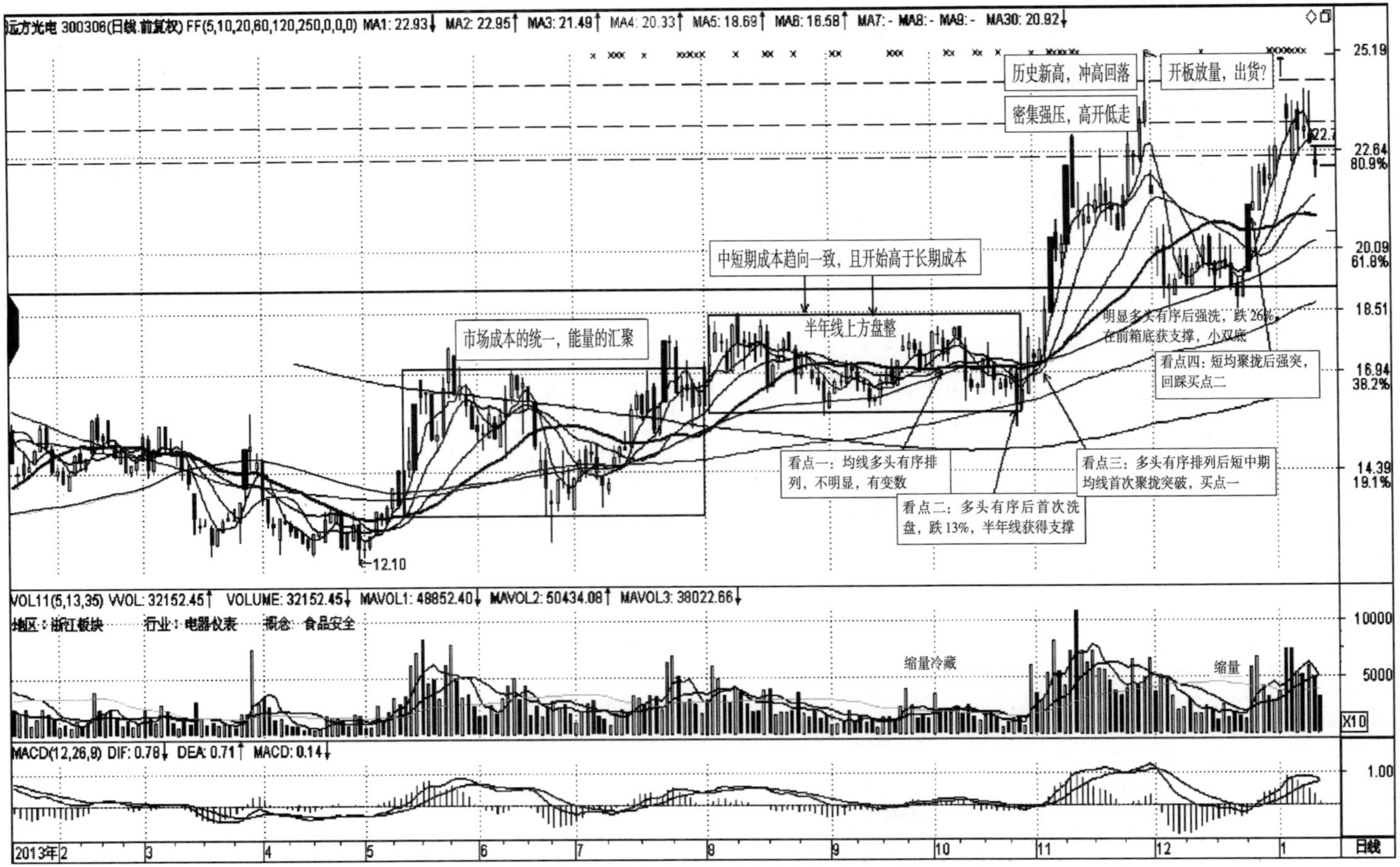

图 2-17 新开源 300109

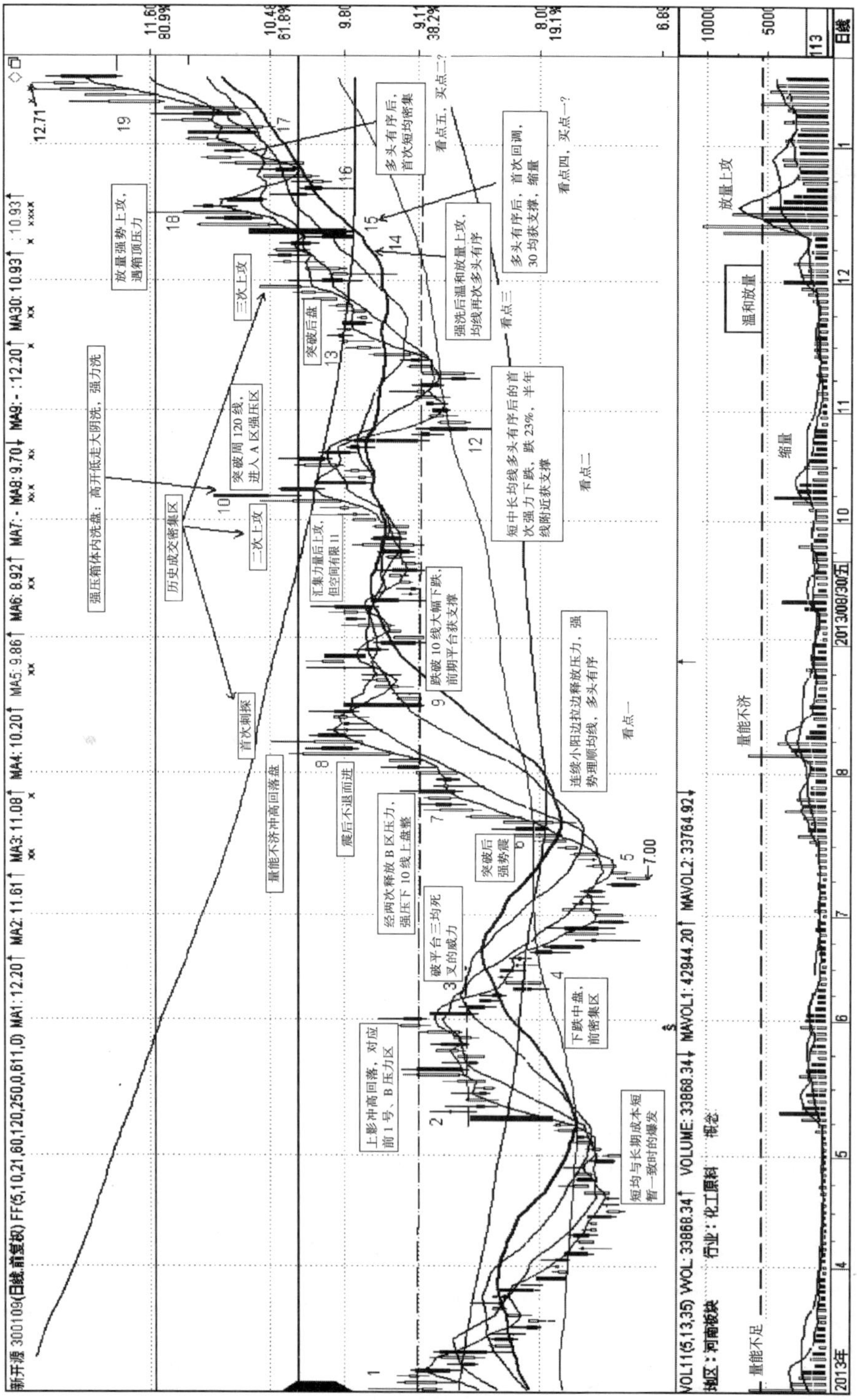

图 2-18 远方光电 300306

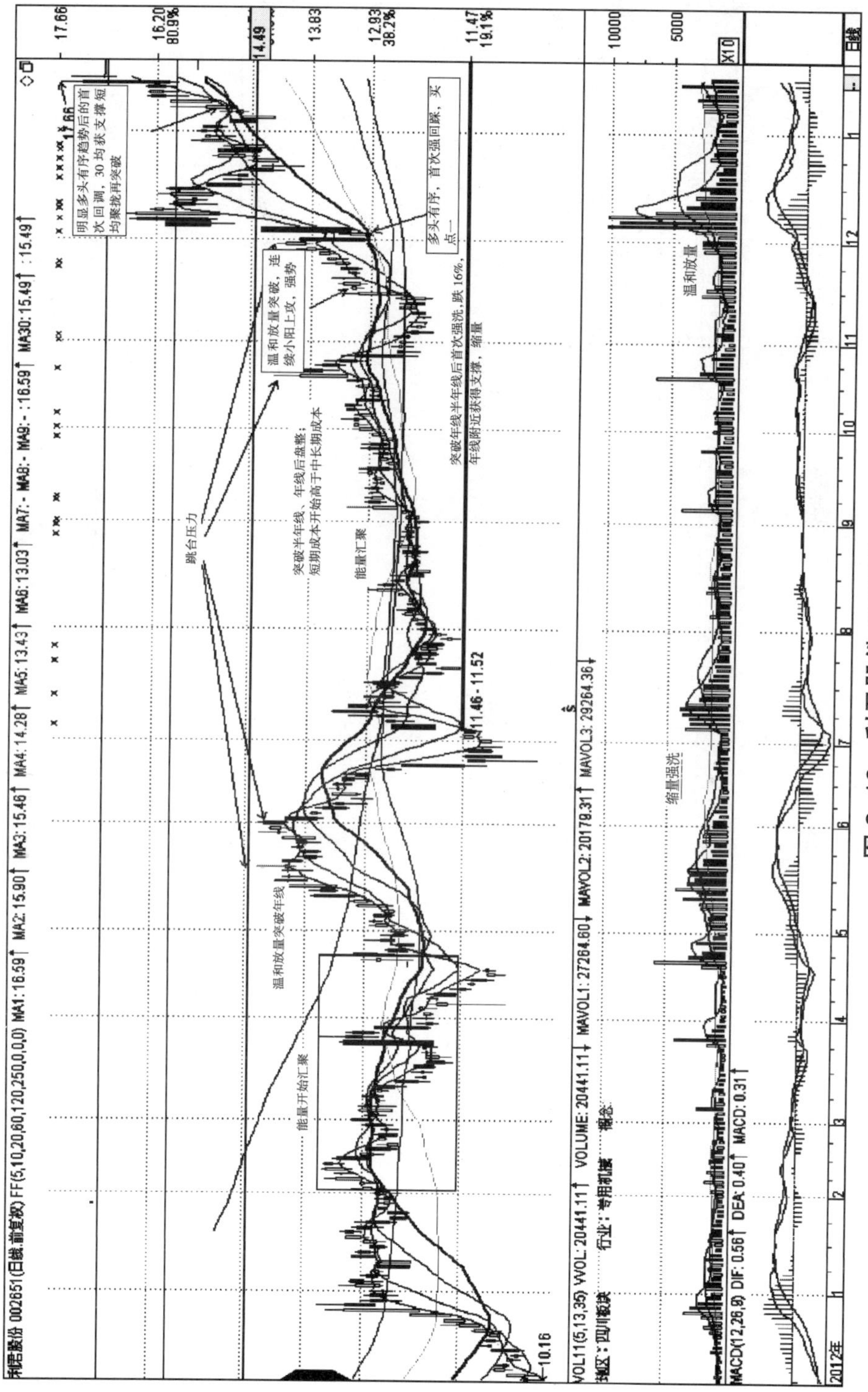

图 2-19 利君股份 002651

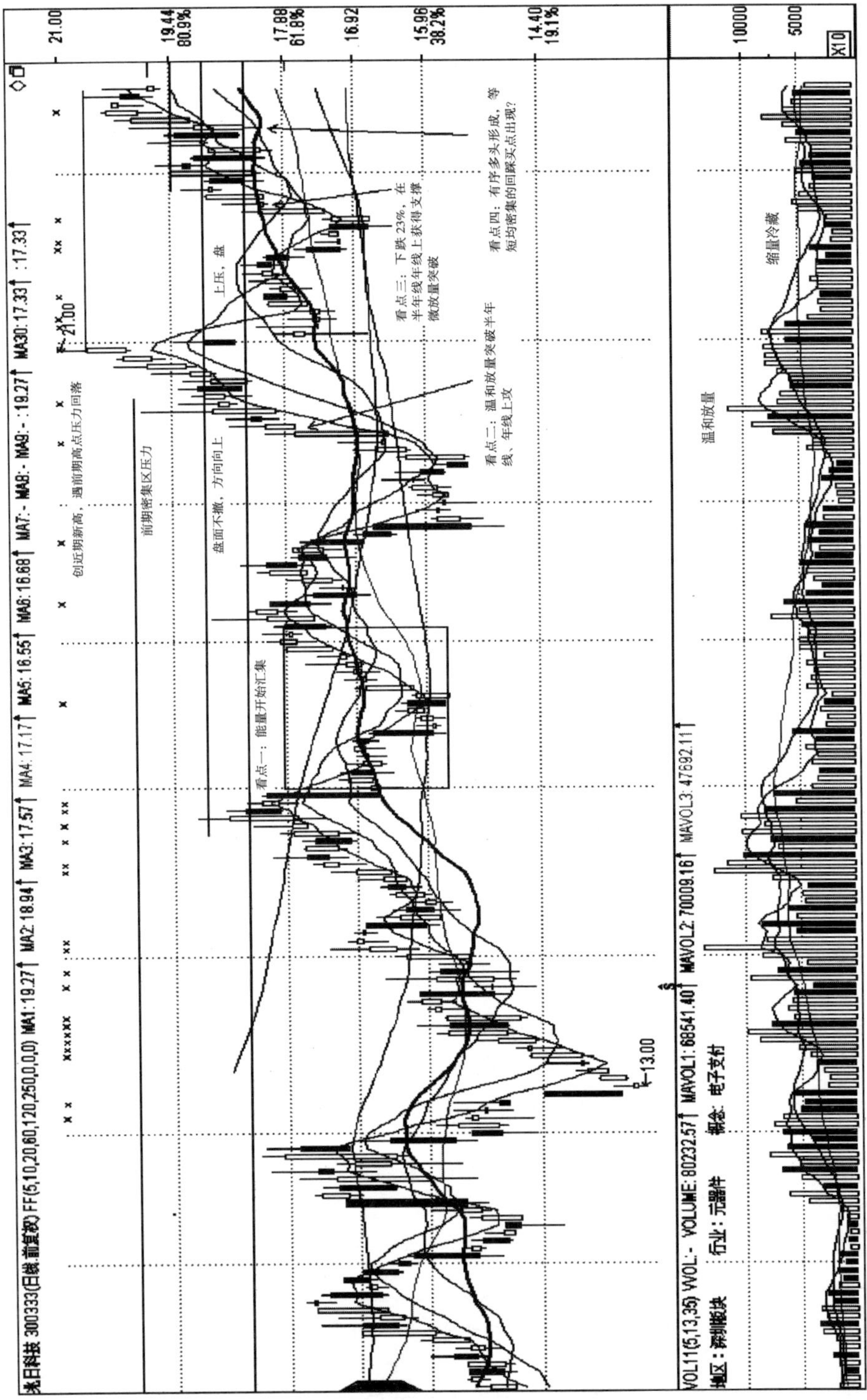

图 2-20　兆日科技 300333

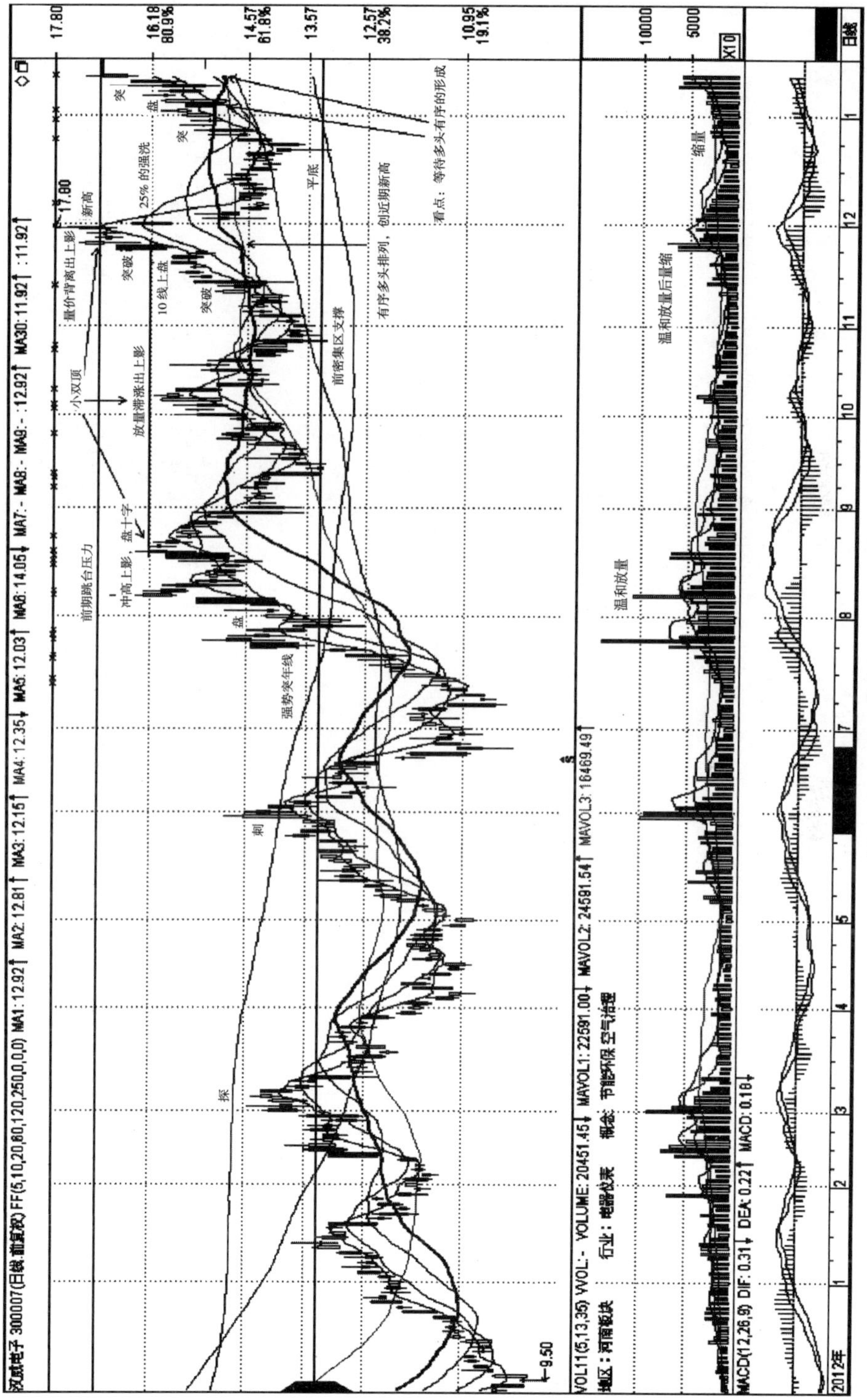

图 2-21 汉威电子 300007

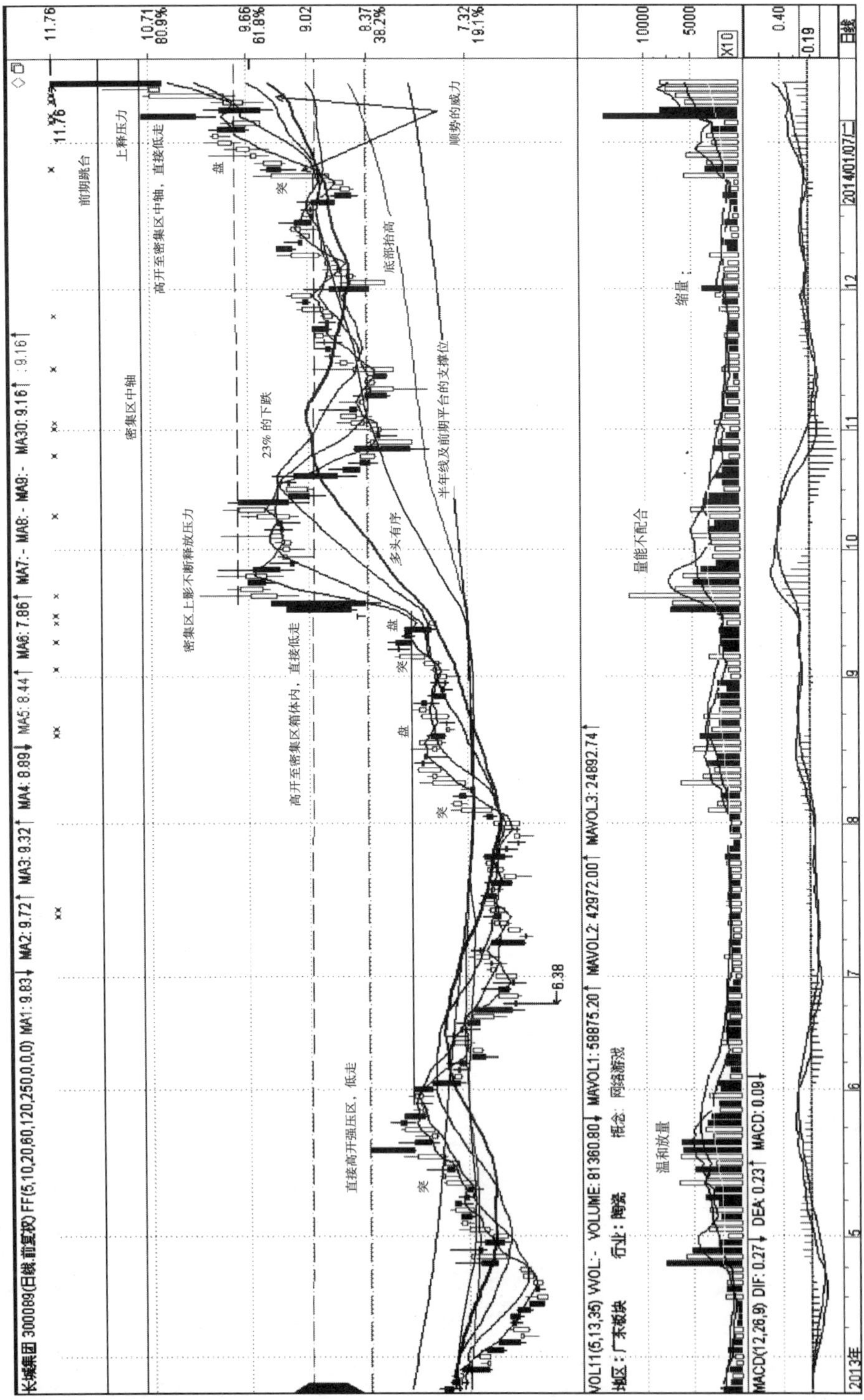

图 2-22　长城集团 300089

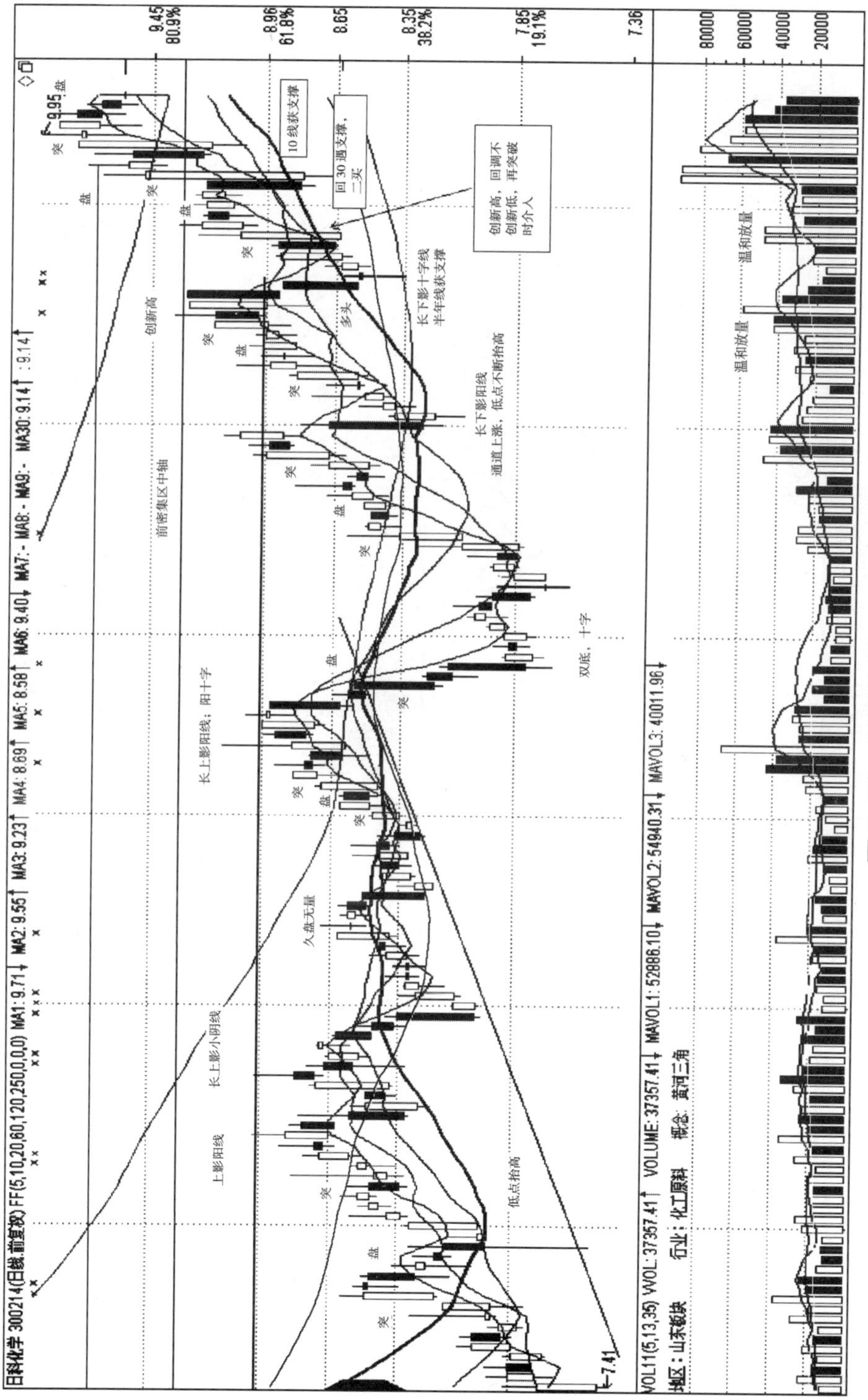

图 2-23　日科化学 300214

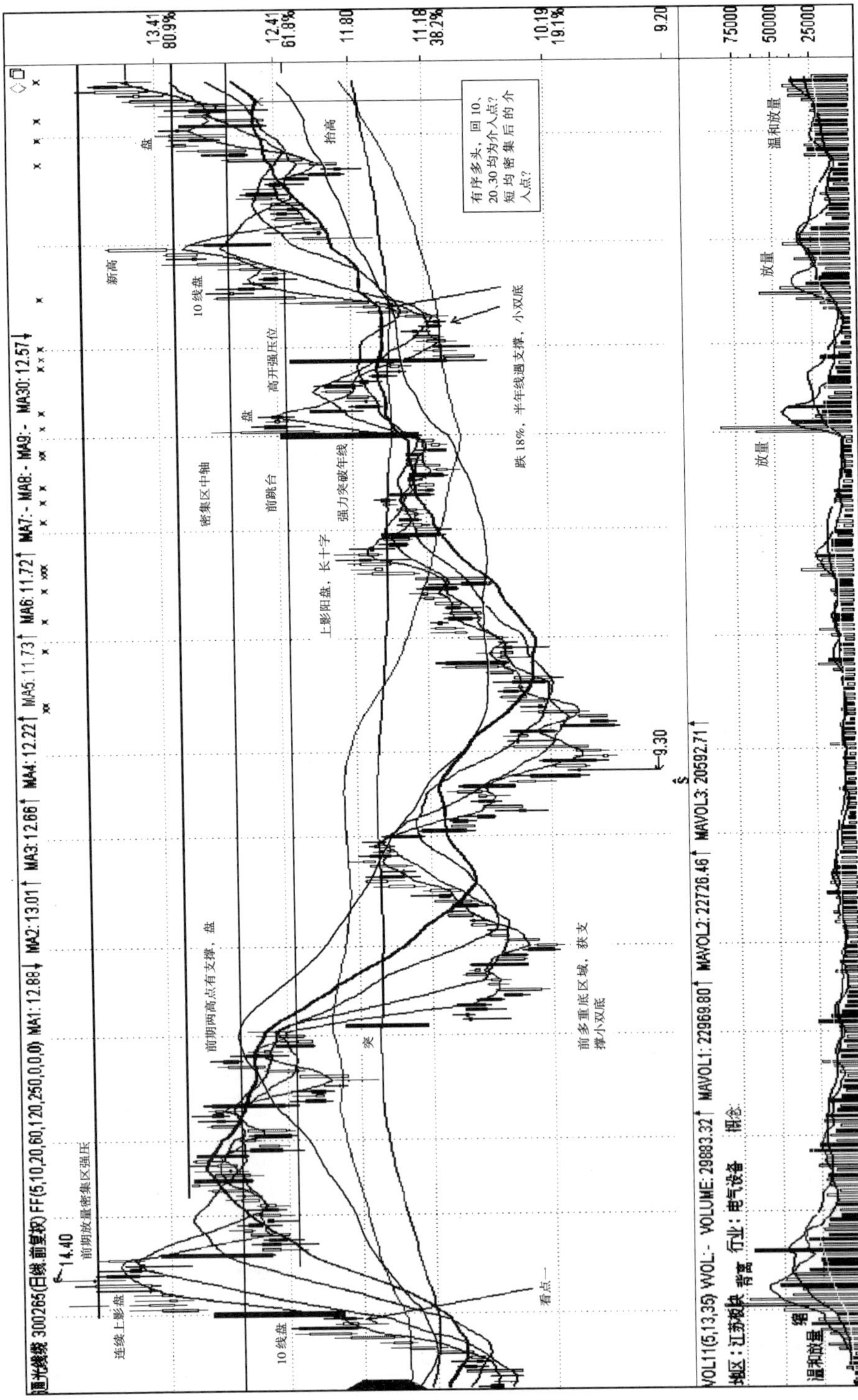

图 2-24　通光线缆 300265

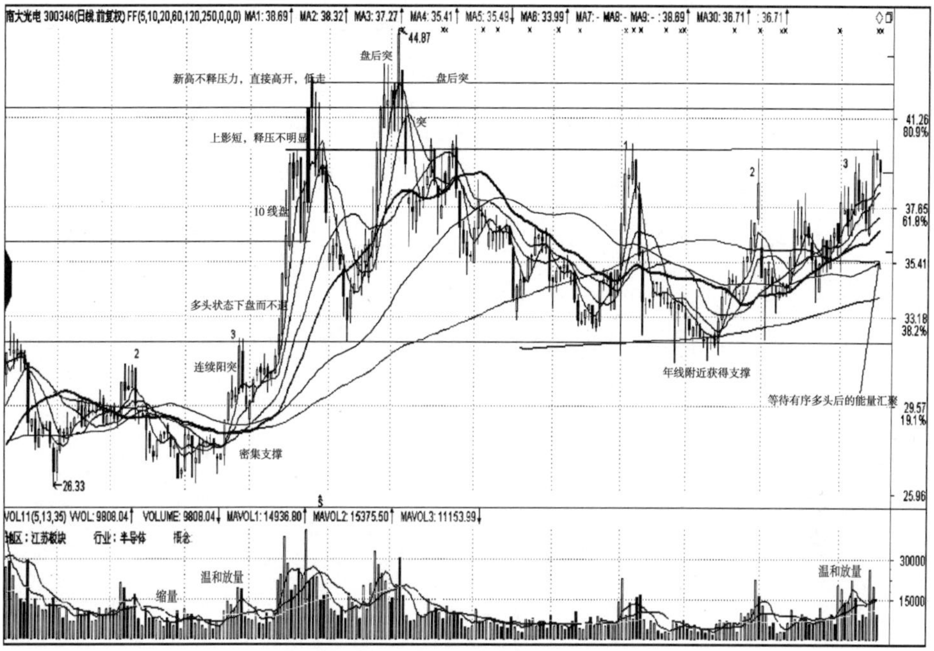

图 2-25　南大光电 300346

处理好观察来的信息，反映出观察者的问题是什么？是不知道观察来的信息应该放在哪里。而这是没有学好之前内容的缘故，否则捕捉到的信息都知道归类，知道以后要用来干嘛，那么在第三步第四步时就能事半功倍。

第五步：从走势特征里发现了什么知识、特征、规律？

涨：上涨趋势中涨，下跌趋势中涨（盘）。

（1）涨从震荡突破开始，持续上涨的特征是没有压力，量能支持。

（2）面对前压，10 日均线上方盘而不退，是为原方向继续。

（3）连续上影阳线温和放量上攻，边拉边释放压力，是为超强势表现。

（4）多头趋势形成初期，面对密集压力区大阴强洗，一般为难得的短线介入机会。

（5）面对密集压力区，震荡中低点不断抬高，趋势方向不变。

（6）上涨浪的尽头多阳线上影，十字星，盘后下突结束或小双头结束上涨。

（7）节奏一：小阳推升突破，盘；中阳涨，盘；大阳涨，盘，结束。弱，渐强，强，弱。

节奏二：大阳突破，盘；大阳涨，盘；上影中阳或小阳涨，盘结束。强，超强，弱。

跌：下跌趋势里的跌，上涨趋势里的跌（盘）。

跌破盘整平台，支撑平台，跳水猛跌。

下跌获支撑区域：箱顶，新压力区转换为支撑区；前期多重底部区域。

上涨趋势线一般为止跌点，特征缩量。

重要均线的一般止跌点：刚突破后的30日均线，上涨趋势初期10日均线、半年线、年线。

止跌特征：长下影、十字星、缩量，小双底等。

震荡：上涨中的震，下跌中的震。

（1）震荡在支撑之上或压力之下进行。

（2）突破后面对阻力区的震荡，震松压力，盘而不退即为新趋势的延续。

（3）震荡向上，震荡波一波比一波高最终突破箱体时，通常井喷式拉升。

（4）震荡向下，一波比一波低跌破箱底时，瀑布式下跌。

（5）拉高后的盘整释放压力，说明对筹码有承接能力，能否持续需看是否有持续能量补给（待观察）。

第六步：汲取前辈经验，为已所用。

（1）什么样的人做什么样的股，想做差价，找阻力重重的个股好，节奏感强，拉升有阻挡，下跌有支撑。

（2）干脆利落的票须等它突破重重阻力打开大上升空间时才跟进，

突破压力后才干脆。

（3）多头排列里的下跌，撑得住就上涨，撑不住就下跌，最干脆。

（4）关注可操作空间，年线突破，温和放量，缩量冷藏，短期成本高于长期成本后能量的汇聚，多头有序；多头有序后的首次回踩30日均线，趋势初期10日均线回踩，重压前的上影阳线、十字星、小双头。

（5）进一步熟悉节奏，弱、渐强、强、弱；强，超强，弱；突破，盘整，突破。

第七步：自己的目的，以往的习惯，如何完善？

（1）目的：长短结合，看长做短。

（2）以往的习惯：突破追高，加仓无序，卖出无原则。自以为是。

（3）完善：长线选股，波段操作。进一步体会涨跌节奏及特征规律。

（4）注意点：绝对不追高，严格按介入点操作。

班长点评：要真正解决问题，真正修正自己的不良习惯，要真正做到严格和绝对，不是说说那么简单，需要对自己“望、闻、问、切”，通过观察自己的问题，找到原因、给出解释，疏通根结，对症下药才能药到病除，把上面的问题问问自己，再自己给出答案，相信对症下药和药到病除就不是什么问题了。

第八步：完善运用知识的能力？

（1）进一步体会特征、规律、知识。

（2）逐步放大范围，进一步去体会整个市场、板块。

（3）自我修炼，看清贪嗔痴，力戒贪嗔痴，努力走向客观。

班长点评：第一点是课后必须要做的功课。第二点是可圈可点之处，起码在同学们当中，你又是首例想到扩大到整个市场、板块的。当然，有的同学可能也想到了只是没说，但眼高手低会让你忘了这个念头，只有这样书面化的整理才能不断地将想法完善、思路饱满起来。第三点就是上面第四步和第七步的问题了，如何通过观察走势，观察走势中的观察者——你，观察走势中反映出的你来真正认识问题，勘破问题，消除业障。

同学们的功课与班长点评摘录六

南大光电 300346

第一步，看走势的涨、跌、盘整的特征和分析原因。

1、2、3、4、5、6、7 是 涨；9、10、11、12、13、14、15 是 跌；横线上下是盘整（2、4、5、12 后边的也可以认为是盘整）。

1 区位突破小下降趋势和密集均线的压制，放量大涨，留下上影线，证明有压力，通过向前看，发现压力来自前期头部的 a 区和跌破 a 区后 2 次反抽 a 区不过的 a1、a2，即 A 区形成的强压力位（1 区位也包括了上涨、盘整、突破、下跌）。

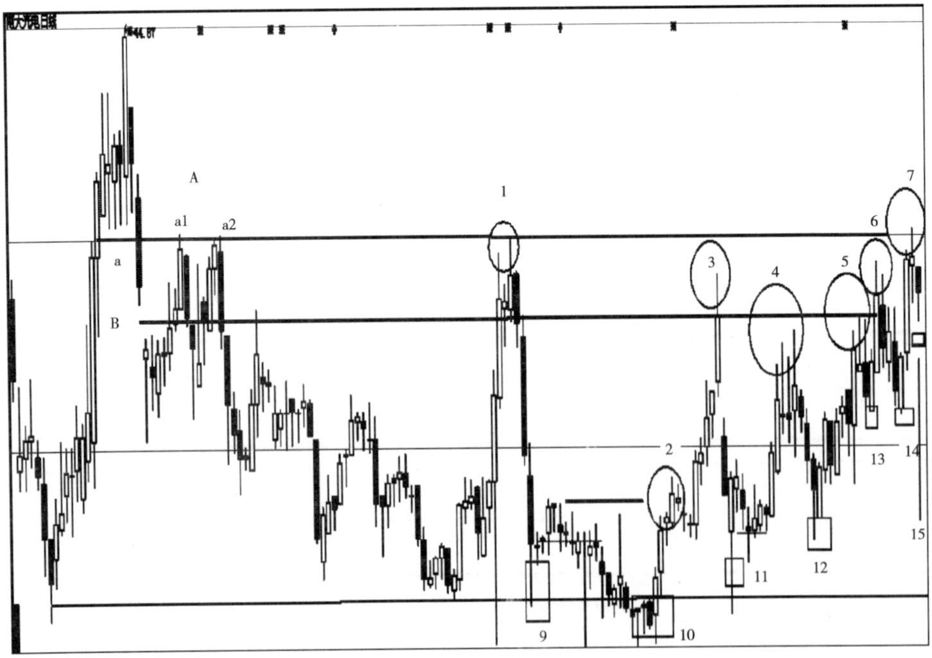

图 2-26　南大光电 300346

2 区重新突破除了 120 日均线的所有均线压制和前期小平台，留下带上下影线的 K 线，在下有支撑的情况下逐步化解前期盘整区的压力，随后稍作盘整便上涨至 3 区，留下上影线，后来的 4、5、6、7 区都同样是上涨浪，都留下了上影线，通过观察不难发现，他们全都对应着前期 A（图中的 AB）区的压力位。

9 区的下跌止住了，为什么？观察后发现，前期有 4 次下跌都没有跌破这个位置，说明这个水平支撑位暂时是有效的，加上下方面临 250 日均线，说明支撑更为保险，但是不一定撑得住。

后边的 10、11 包括 12 区都在这一位置获得支撑，到了 13、14 区的止跌处情况发生了变化，变成了均线多头排列下的回调，在 10、20 日均线处获得支撑。

第一个蓝线处的盘整是下跌后的盘整，并且处在均线之下，没有特别大的意义，只能认为是暂时止跌，2 区后的短暂盘整，是突破前边的盘整区和均线压制后的盘整，可以开始重点观察，11 区的盘整同样是下跌后的盘整，但是是在密集均线里的盘整，并且 11 区的低点不破 10 区的，继续重点观察，4 、5 区是上涨浪，但也可以看成是盘整区，因为高点没有突破 3 区。

班长点评：第一步、第二步融合的非常好！尤其是加粗的部分，把握的很全面很到位！

第二步，问自己在走势的涨跌盘中能做什么？凭什么这么做？

1 区的收益虽说不错，但是前期头部的压力实实在在的摆在那里，并且之前没有经过有效的化解压力，所以来也匆匆去也匆匆。3 区的上涨，虽说经过 2 区的突破、盘整后一路上涨，但是仔细观察，发现均线比较散乱，继续观察。4 区均线继续聚拢，连续影线，量能没有有效放大。来到 5 区后，情况发生了变化，经过 1、3、4 的上涨回调后，突破 4 区，均线多头排列，连续上影线，证明前期 A 区和 1、3 区高点位置的压力依然存在。同期大盘并不好，继续观察。经过 6 区的突破回调，

7 区继续突破 6 区，受制于 A 处和 1 区的压力，今天开始下跌，但是均线多头排列，涨放量跌缩量，并且经过 1、3、4、5、6、7 的反复影线释放压力，可以考虑逢 10、20、30 日均线处低接并且设好止损位，因为考虑到大盘情况不好，可以继续观察，也可以少量参与。至于 12 区和它之前的所有盘整、下跌，因为处在密集均线之下，没有操作价值，观察就行。

班长点评：岂能是一个好字了得？把握的太全面太到位了！

第三步，通过以上的“望、闻、问”后，在这样的走势中，我怎么才能做到简单干脆有效的操作呢？通过以上三步，答案自然而然就浮出水面了，只有在 7 下来的多头排列回调买和经过回调后的冲锋整固买才能干脆有效。

班长点评：相信，什么样的为什么不干脆，什么样的干脆，你已经了然于胸，也自然能闲庭信步于市场的风起云涌之中从容操作。

第四步，从“望”里发现的知识、规律、特征是果，因为第六从前辈以前的走势中才能“闻”出结第五的果的原因，才能在自问自答中发现前辈真正的规律特征，并且把他们转化成为对自己有用的知识，并且也只有把它们都写下来，总结好，不断的去重复“望、闻、问、切”（学习）才能真正成为自己的。

班长点评：又自己把第五步、第六步融合了起来，太好了！等着你把前四步和后四步各融合为一步。

第五步，平常自己的交易并不理想，问题就出在没有仔细的“望、闻、问、切”，没有仔细的听前辈在说啥，往往局限与很小的视野，之前操作的好几只股票，都是冲锋整固买了，可最后都止损了，原因就在这里，以后会注意操作目标的预期收益，不符合的坚决不做。

班长点评：找到了操作不理想的症结，并且知道了症结形成的原因，以及以后如何避免的方法，那么相信只要严格要求自己，操作定会越来越好！

第六步，只有多多的练习“望、闻、问、切”，多反思，多记录，才能促使自己认识到自己的短板，才能不断的发现新的问题，有了新的问题才能有目标的继续学习。

最后我想说的是：写，一定要记录下来才行，看到一只股，只从脑海里“望、闻、问、切”一般是不行的，最起码对于现在的我来说是不行的，原因就像班长说的，那只是零碎的不连贯的残片，既然不是系统连贯的，肯定会导致操作中出现各种各样的状况。

（题外话，总结的比较啰嗦，班长别介意，因为之前虽说也学了几次班长的讲解，但从来没像这样认真的拿笔写下来，只是零零碎碎的这张图记一点，那张图画一点，所以入市 2 年了，还在回本中，虽然钱不多，但是觉得给班长丢脸了，不赚钱就对不起班长这么用心的教。）

班长点评：回报从来不会随便眷顾一个人，尤其是残酷的资本市场。看了上面你做的功课，已经看到你就要迈出毕业的大门，相信其他同学们也能从中感受到你的付出，对于最后你说的，我想那些没做功课的同学能看到，因为往往那些最不起眼的就是阻碍你突破的关键所在！

同学们的功课与班长点评摘录七

第一步，“望”。1，5，7，9，11，13 是涨；2，4，6，8，10，12 是跌；4，6 是盘（图 2–27）。

特征：1，5，7，9，11 有上影线；2，4，6，8 有下影线；10，12 受 30 日均线支撑；4，6，9 是上涨后的盘整。

第二步，“闻”。1，5，7，9，11，13 上涨受阻，是受到 B 的压制；2，4 在前低止跌；6，8，10，12 沿 30 日均线爬高。

班长点评：除了上下影线，还有没有其他特征？比如涨跌 K 线的

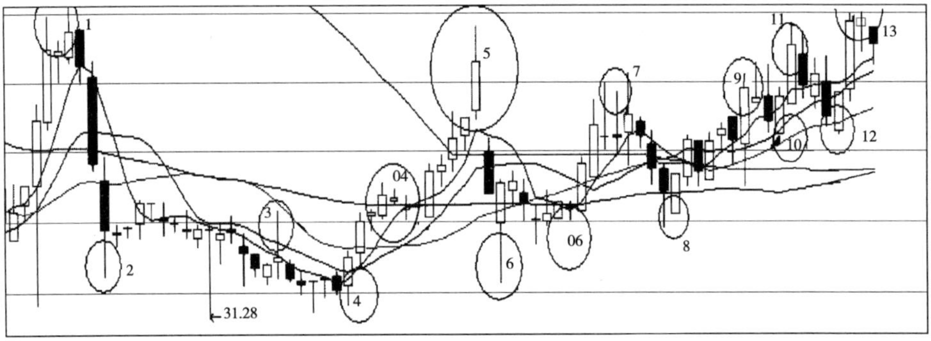

图 2–27 示意图

大小、长短、幅度？又为什么是这样的？学会学习，就是要试着去发现更多的知识，永远不要给自己说，做了什么就足够了，而是一直告诉自己，还不够好，我还要想想再做些什。

第三步，“问”。在 10，12 可以买，其他观望。

班长点评：什么叫可以买？又为什么可以买？其他为什么观望？为什么不可以买？给自己详细说说。

第四步，“切”。没有扭转下跌趋势前要观望。

班长点评：我们的第四步标题是什么？不能不知道，好好复习下。

第五步，“望”。在没有突破前高的情况下，不会有让你干脆的行情。所以少参与，多观望。

班长点评：言简意赅、非常不错！不过这应该是第四步，步骤粗心大意了不是？反映出了自身的什么问题？没学会走之前先别跑，不该省的事先别着急省，不然一开始就不能规范成长，要养成坏毛病。

第六步，要放大了看。

班长点评：为什么要放大了看？还有没有其他可学的，根据我们第六步标题想想？相信你一定可以再想出一些。

第七步，在以后的交易中，不要主观臆断，要让走势说话。

班长点评：总结性的依然是言简意赅，但是不好的交易习惯要真正改掉，还需要一个过程，这个过程是强化意识的过程，所以最好罗列一下自己交易中的存在问题，以便加深印象、强化意识。

第八步，不知道该怎么做，请班长指教？

班长点评：复习第八步怎么讲的，再看其他同学的，然后问问自己差距在哪里，为什么自己会这样，以后的自己要怎样！

同学们的功课与班长点评摘录八

汉威电子 300007

第一步，“望”。涨：a1、a2、a3、a4、a5、a6、a7；盘：c1、c2、c3、c4、c5、c6、c7；跌：b1、b2、b3、b4、b5。

第二步，特点：涨 a 浪的都出现了上影线；跌 b 有 1 线或 B 线水平支撑线支撑。

盘 c1 在 b1 止跌后小幅度上涨后盘整，盘整 2 天后上涨突破 a1 来到了 a2，并出现上影线。往左看，看见压力区 1 区，然后回调在 a1 成支撑线上盘整 c2，盘整后上涨 a3，压力同 a1，上影线，回调，下跌来到 b2。b2 后继续盘整 c3，盘整后下跌 b3，b3 在支撑线上止跌，小幅度涨后来到盘整 c4。盘整后上涨来到 a4，又遇阻下跌在 b4，止跌小涨到了 c5 盘整。盘整后小幅度上涨，然后继续盘整 c6。后上涨 a5，遇阻、下跌、盘整，继续下跌来到 b5，止跌上拉、盘整 c7 后上涨 a6。从这个走势过程可以发现该股的特点：a2、a3、a4 为同一个阻力区，a5 阻力是 4 区，a6 的阻力是前期 a5 后的跳水，b1、b2、b3、b4、b5 在水平支撑线 1 止跌，盘整 c1、c2、c3、c4、c5、c6、c7 后选择向上，c3 后选择向下。

第三步，原因：a2、a3、a4 没选择上涨的原因是阻力 3，a5 没选择继续上涨的原因是阻力 4，目前 a6 的阻力是 a5 后的跳水，b1、b2、b3、b4 在水平支撑线 1 止跌。

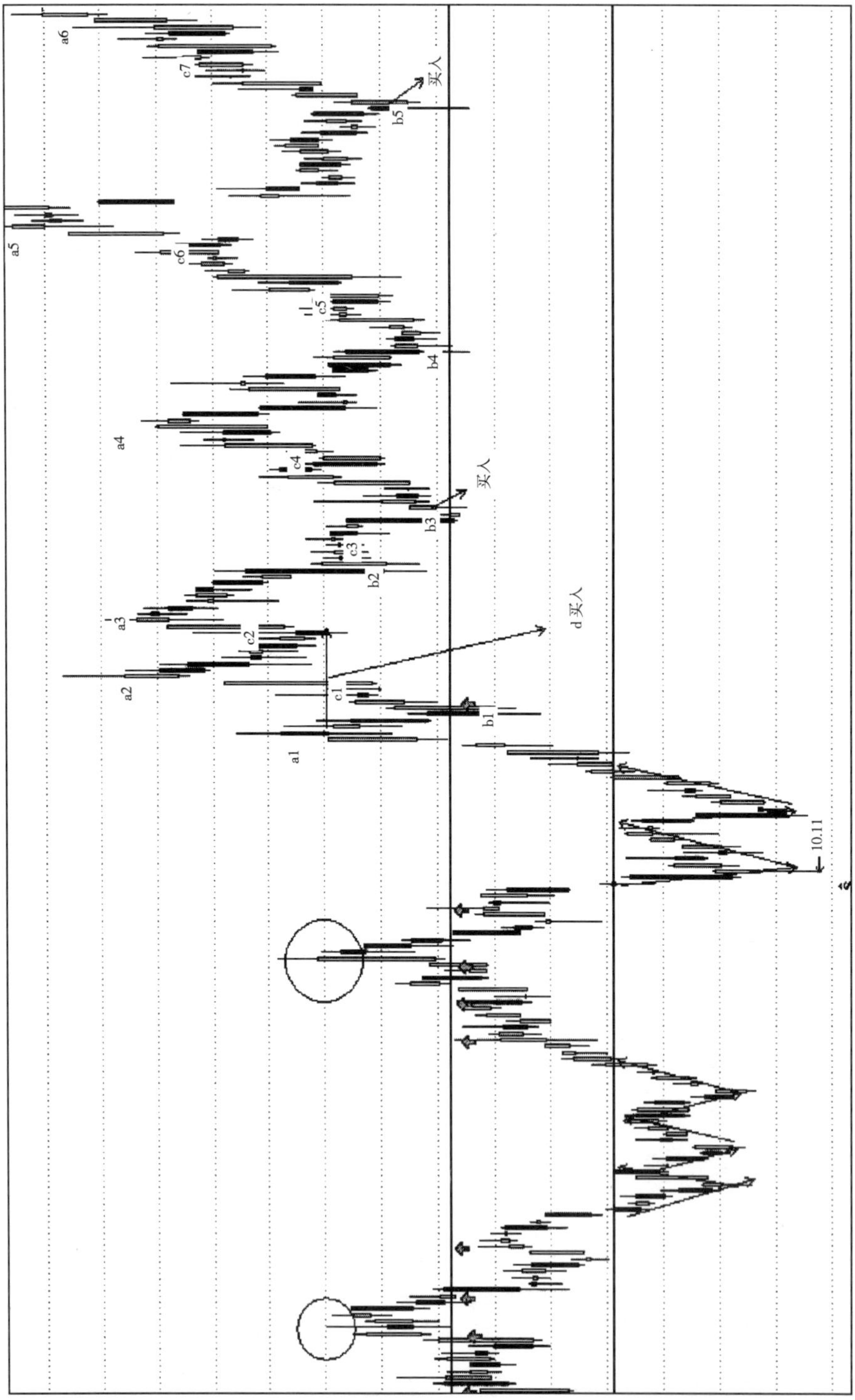

图 2-28 汉威电子 300007（1）

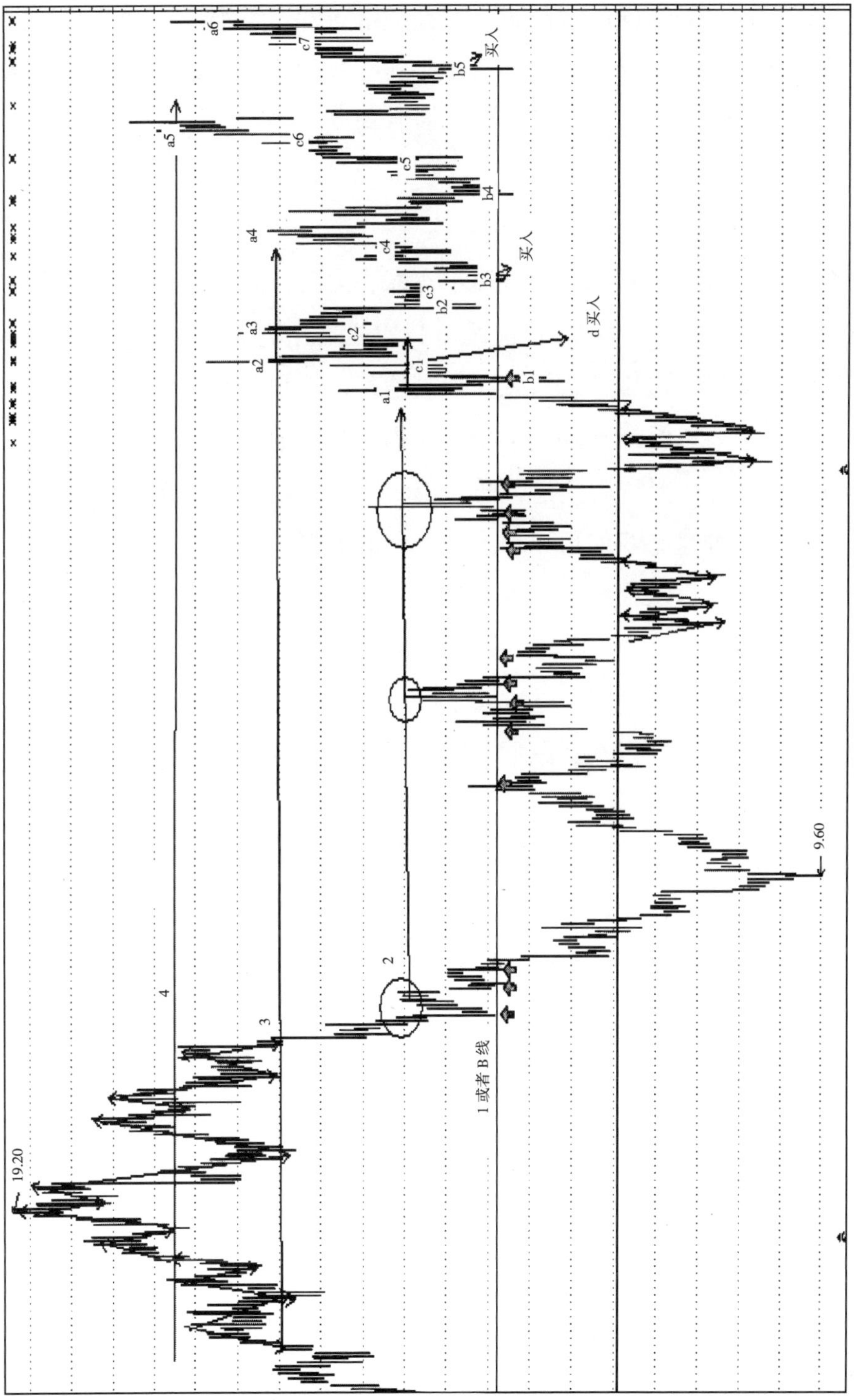

图2-29　汉威电子 300007（2）

班长点评：图疏通的很细致，但是关键点呢？很混乱。看看我们第一步是什么？第二步是什么？第三步是什么？你第一、第二、第三步是什么？为什么会出现这样的结果？看看其他同学做的功课，不能一开始连步数都弄不清楚。

第四步，我能做什么？

在上涨 a 出现上影线，量价提示上涨无力时，我们通过走势，分析出压力位，可以考虑左侧卖出，止跌 b 我们通过左侧分析看出支撑线 1，并出现明显缩量，可以考虑买入，但需清楚，这只是自己认为它会在这里止跌，心里要有继续下跌的准备，止损。盘整通过观察 c1、c3、c5、c6、c7，盘整是在上涨后盘整，而且当时压力也是前期高点或者是高点后的跳水，这种盘整我们可以考虑买，上涨的概率大一点，但仍需告诉自己，这只是自己认为会涨，现实走势是可以下跌的，止损。

干脆的买入法：在盘整选择后再买入，如 c1 盘整后在 8 月 8 日 13.9 元时突破盘整，选择向上，我们在盘中 14 元可以买入。在我们画的止跌线上，我们可以在止跌后的第二天如果出现价相对第一天高时买入。

班长点评：也许你是有心活学活用的，把我们的第一步分解为两步，把我们的第三步第四步融合为一步，但是你的分解与融合出现了根本性的偏差。比如我们通过这两步先后明白我能做什么和我怎么做才好；而你的融合直接变成了我要怎么做，这就容易在没有疏通好走势情况，变成你理解的可以怎么做，要怎么做。整体透露出来的信息是基础没有打牢，要回过头，从第一节开始，把要点摘出来，明确每一步是干什么的，是为什么的。

第五步，在汉威电子里发现了什么知识、什么特征、什么规律？

我们可以看出：在突破水平阻力 1、2、3 后会加速上涨，只要 1 ~ 2 天就涨到下个阻力区止涨了，我们只有下手快，才能抓到利润，然后操作空间比较小。

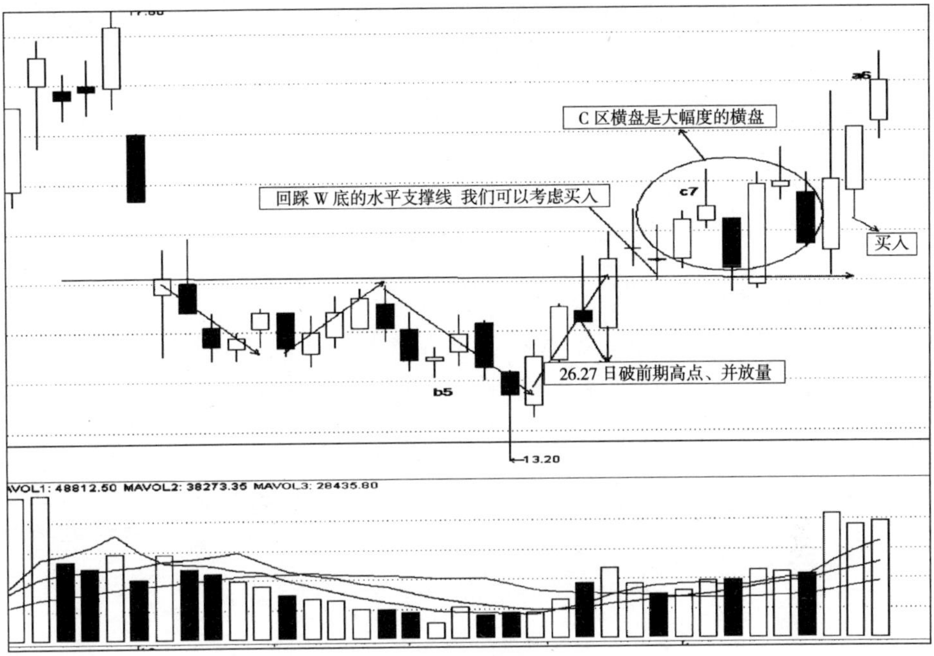

图 2-30　汉威电子 300007（3）

班长点评：这两点很独特，尤其是第一点，总结出了其他同学所没总结出来的。

第六步，从前辈经验里汲取知识，我发现自己比较不爱问前辈问题，因为觉得不好意思、害怕，这个毛病很是需改改。

班长点评：不爱问“前辈”问题，还觉得不好意思？你是说哪个前辈呢？班长讲了走势是最好的前辈，不能还不知道。

第七步，平常的你交易是怎样的？问题往往出在哪里？经过“望、闻、问、切”以后要注意哪些？因为还没有开户，还不清楚这个。

班长点评：那你先开个模拟账户，不练习不实践就找不到问题所在。

第八步，完善了操作，还要完善运用知识的能力。嗯，这个是大工程呀！感觉自己目前不懂的还不太多，接触也少，需努力的地方还非常多。

我细分析一下这个月的走势，如图 2-30。

2014 年 1 月 10 日突破盘整，我的问题是突破盘整是要实体线，还是即使是上影线，只要有放量，我们也考虑是有效的大概突破呢？然后上影线提示压力 a5 后的跳水，第二天回调我们买入。然后班长 c 区从总体来说是可以看做是盘整吧，那盘整从图形上来说是一个箱体了，那箱体我们仔细的画法的话是实体线上方为箱顶还是上影线呢？

班长点评：是上影线还是实体 K 线不是问题，就像究竟是盘整还是上涨的区分一样，包括下面的箱体问题，你执着于名而不重其理，反映的问题和第一段点评的一样，是你忽略了疏通的本质，而不是让你上来分析突破不突破，更不需要上来就分析要在哪里买入。

同学们的功课与班长点评摘录十

第一步，“望”。看走势中的特征（图 2–31）。

1、3、5、6、7、9、15、17 是涨;2 是跌，也是跌中盘，7 元位置是跌；11、12、13、14 是跌；4、10、8、16 是盘整。

1 向上突破之后留下长上影，做短暂盘整，后面选择了大跌。3 的上涨在 1 后面的盘整附近止步，5 再度突破 3 后，在 1 的压力之下戛然而止，跌速急幅度大，跌穿所有均线，在 2 的附近止跌。6 的上涨中间经历过一次盘整理，这个盘整仍然在 1、3、5 的压力笼罩之下，结果突破这个盘整之后 6 同时也突破了 1 和 5。6 之后的盘整，也可以说是下跌，在 30 日均线获得支撑，这 30 日均线也是 1、5 的支撑位。7 的上涨再次突破了 6，但是之后回抽没有能够及时收复，随后就是大跌，在年线上面获得支撑。8、9 面临 7 后面反抽失败的压力时或盘整理或下跌，但是都在 30、60 日均线附近获得支撑。15 突破了 7 的高点，之后快速下跌，在 60 日均线止跌，而且 11 到 14 这几个低点是逐步抬高。16 是

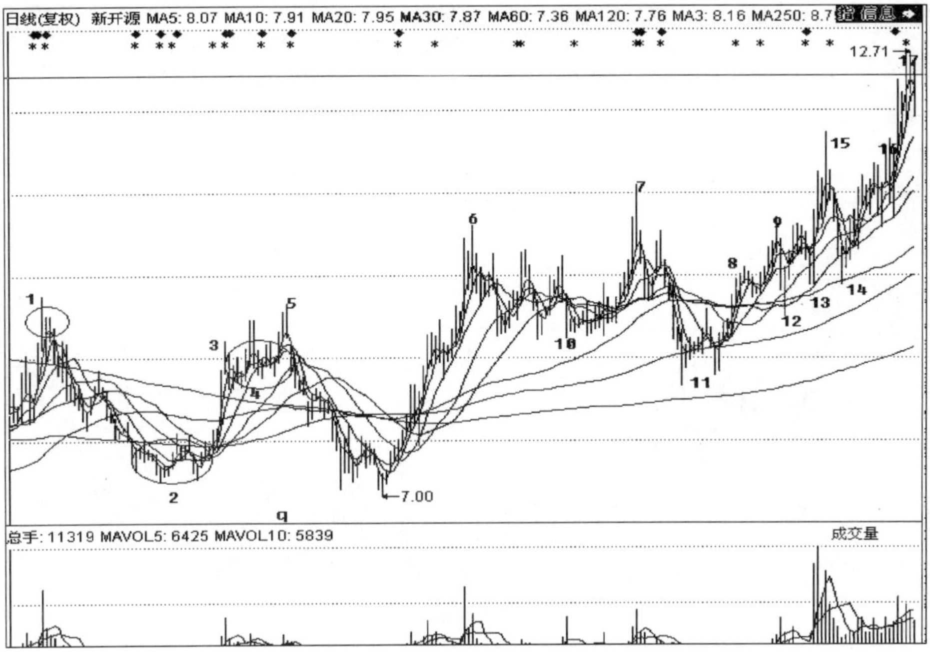

图 2–31　新开源 300109（1）

在 15 的压力下做了盘整，然后选择了向上突破，并且突破 15 的高点。

班长点评：希望能再抓一些其他特征，比如拉升过程中的，盘整过程中的。

第二步，“闻”。分析走势特征的原因，为何涨、跌、盘。

1 和 5 上涨止步的原因在于 A 区的压力（图 2–32），6 的压力区在 B 处。7 的压力对应的是 C 区，15 对应的是 D，17 对应的是 D 上面的断崖，上面还有 E 的压力。

班长点评：第二步，是对走势要找到原因，给出解释，但是找到原因给出解释不是目的，意义是什么？不能不知道为什么要找到原因给出解释疏通走势，复习第一节和第二节，找到答案！

第三步，“问”。问自己在走势的涨、跌、盘中能做什么？凭什么这么做？

2 区是下跌中出现的盘整，我不能知道会在这里止住跌势，我能做

图 2–32　新开源 300109（2）

的只有观望，等待。结果盘整被打破，是向上打破，在向上打破的时候按理应该跟进，可是放大视角之后，看到了压力不仅是 1，还有 A 区的压力，那么 4 后面的突破还敢动手吗？操作的有效性值得怀疑了。

6 突破了上涨中的盘整小组平台，而且突破了 1 和 5，按说这里可以考虑逢支撑跟进，但是向前辈看时，发现了 B 区的压力。但是下面又有 1 和 5 的支撑，当 6 出现时，你看到了 B 的压力，但是 6 之后就一定是跌吗？如果选择向上，向上的空间有多大？向下，向下的可能空间有多大？

班长点评：通过观察，分辨出了面对重重压力的操作有效性不高，而能做的是什么？那些涨幅大的是有空间，特征是什么？这样有空间的要怎么操作？

第四步，“切”。通过对走势的“望、闻、问”，总结，完善优化自己的操作。

观察图 2–32，之所以上涨时不能雷厉风行，原因就在于前面的压力区是重重叠叠，多方只能步步为营，在这样的走势中，适合善于做波段的人，而对于我这样反应稍微迟钝的人来说难度有些大，虽然能看的明白，现在还只是事后诸葛，所以对于这样重重压力的股票来说，目前我的能力只适宜观看。

班长点评：说的非常好，看的懂不代表就要下手！有这样的意识了，起码不会再在亏损的道路上走下去，让这学习持续学习下去，不断完善自身。

第五步，从走势中发现了什么知识？

我明白了，支撑和压力是相互转化的，压力被突破后就变成了支撑，支撑被跌破后就变成了压力。没有永远的敌人，也没有永远的朋友。要善于化敌为友，与友同行。

班长点评：还有没有其他能为你所用的？用，一是指分析看盘上可用的知识，二是操作执行上可用的知识，三是学习思想上可用的知识。

第六步，从前辈经验中汲取知识。

盘整必然要被打破，认识盘整要认识清楚是上涨中的盘整，还是下跌中的盘整，还是大盘在中的一小段结构中的盘整。

只有当走势真正开始扭转时才有参与的意义，否则只能是出力不讨好，还可能会伤痕累累。

班长点评：是的，前辈不一定给我们说什么时候下手，但是给我们说了什么时候下手会费力不讨好，前辈向来是毫无保留的，我们还要继续向它学习。

第七步，从生活里诊断自己。

我的思想里有一个痼疾，没有扭转跌势的时候常常会折腾进去，结果在里面折腾来折腾去，折腾的晕头转向了，出去了，结果人家大涨了。因为总是想买在低位，低位能吃到的利润固然多，你参与的风险也就更大，被折腾晕的时候也就多。这一年来我也曾经找过不少牛股，比如002577、002177等，可是都做不出来，还有的稍微一涨就跑了，在真正大突破的回调或者盘整时跑了。内心极受煎熬。现在从走势中，从前辈的经验中明白，什么是真正的突破，什么时候是真正应该介入的位置。但是距离真正得心应手还任重道远。

班长点评：远就远在认识的距离，认识不是听，而是听过之后经过自己的努力消化为自己的东西，而这个消化的过程就是不眼高手低，是一步一步脚踏实地练就而来的！

第八步，如何从操作上完善运用知识的能力。

学以致用，从思想上真正彻底地扭转，改变被动挨打的局面，走上随势而动的征程，不是一朝一夕就能做到的，因为习惯的打破需要决心也需要智慧。这点还是要多跟着班长学习，多向前辈学习，生活处处皆学问。

班长点评：完善知识，完善运用知识，它没有终点，没有止境，学到这里就应该有虚怀若谷的心境了，不会因为有点努力有点付出有点成绩就自满自傲。

这是我最近做过的一只股票，山河智能 002097（图 2–33）。现在用我们学过的“望、闻、问、切”做个分析。

第一步，望，观察走势特征。找出走势中的涨、跌、盘，并观察其特征。1、2、3、4、5、6 是上涨，7、8、9 是下跌，10 是盘，中间的

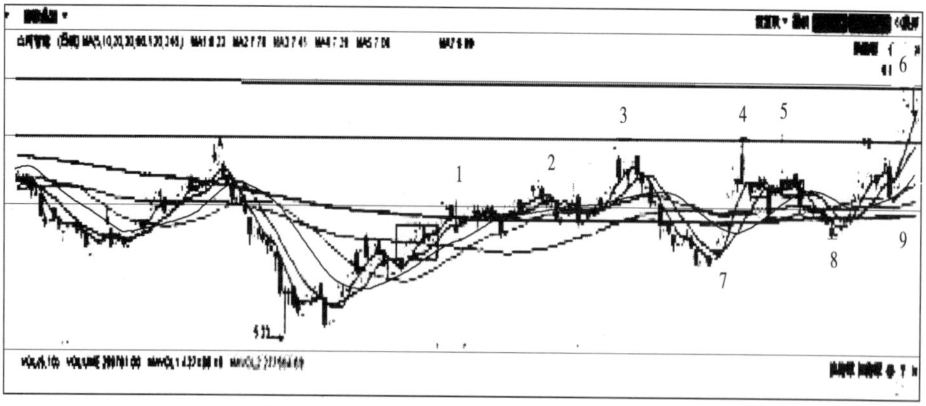

图 2–33 山河智能 002097（1）

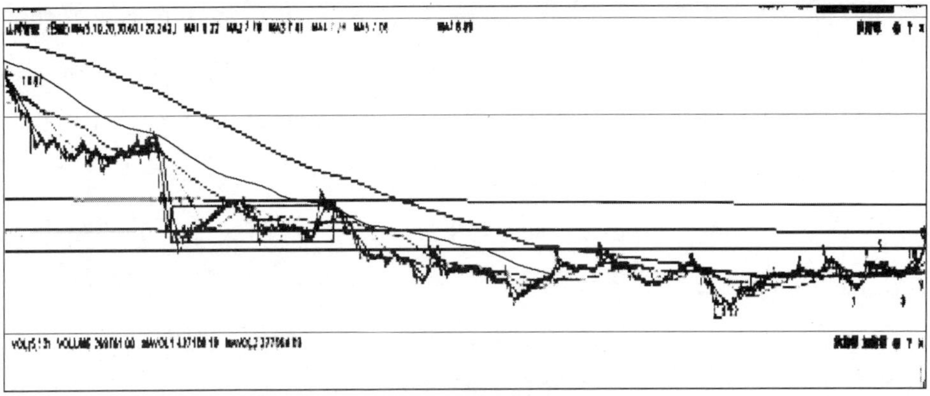

图 2-34　山河智能 002097（2）

小黄筐也是盘，还有些没有标出来的盘。

第一步，“望”。看特征，每一个上涨都留下了长长的上影线。说明有压力，也说明刺探了压力。7、8、9 的三个低点逐步抬高，而且 3 有密集均线的支撑。

第二步，“闻”。分析走势特征的原因，找到上涨、下跌、盘整的原因。我们来看图 2-34。

从历史走势中找原因，找答案。看看下面的一条黄线，你就知道，为什么 1、2、3、4、5 一突破就下来，因为压力山大呀。A、B、C、D 四个山头的据点都在敌人手里，怎么上去？这四个山头的左边还有黄线方框的肉搏战，回想当年，战斗惨烈，不知埋葬了多少尸骨？但是随着 1、2、3、4、5 的五次攻坚战，压力终于得到了释放，6 这里终于突破层层阻力，夺下了据点。形势反转，压力就要变成支撑。再看第一图，7 不破前低，8 在多重均线下止跌，9 区均线已经多头排列，快速回探后立即拔起，6 又到了第二压力处，也就是左边矩形的中间地带，6 区长上影刺探了这一压力。再说 10 盘的原因，很清楚是 4、5 上冲后面盘整的压力所致。

第三步，“问”。原因清楚了，我们来看第三步，问自己在上涨下跌盘整的走势中我们能做什么，凭什么这么做？如果不看大图，1、2、3

的突破都可以考虑跟进，但是放大视野后，你就知道这样的突破跟进是无效的操作了，而 6 的突破才是你的跟进目标。或者说，当你看到震荡在收窄，低点在抬高，而 9 时均线聚拢，多头排列时就可以考虑出手了。

第四步，“切”。完善优化自己的操作。明白走势，不参与盘整。1 到 10 盘整了多久？干脆吗？而 9 的回抽均线，就像是优秀的跳高运动员，后退助跑之后成功跳过障碍，干脆不干脆？问完了股票问自己。

第五步，从“望”里发现了什么知识？下跌趋势没有改变的股票不值得你看，震荡中低点逐步抬高的股票可以观察，向上突破参与才更有价值。

第六步，从前辈经验里汲取知识。历史走势是现实走势的因，现实走势就是历史走势的果。高点不会孤立存在，放大视野就是为了统筹全局，有了大局观才会有战略意义的胜利。

第七步，问自己，平常的交易是怎样的。这只股票的交易最能够反映出我的问题，我是在 5 之后的回抽横盘介入一部分，在 7 附近介入一部分，但是在 10 的横盘时和回撤均线时分批出来一部分，均线阻挡成功后没有及时回补仓位，然后在 6 的上冲时全部出来，当然没有卖到高点。冲高回落 5 日均线时也没有跟进。股票做成这样，以前会觉得自己就是心态不好，运气不好，现在有了大局观，知道不是心态问题，还是认识问题，能力问题，技术问题。

第八步，如何完善操作。树立大局观，从走势中学，提高学习的能力，学会学习。

班长点评：图不能放大，不过班长极为认真地对着仔细看了，很流畅的分析，你说出这样的话：“股票做成这样，以前会觉得自己就是心态不好，运气不好，现在有了大局观，知道不是心态问题，还是认识问题、能力问题、技术问题”，相信你在炒股上已然开窍了，剩下的就是悟多少的问题，而多少的问题在于能否持续去参悟，再多拿些自己的股来练习吧。

同学们的功课与班长点评摘录十一

第一步，1，3，4，6 上升浪。5，7，9，11 下跌浪。2，8，10，12 盘整（图 2–35）。

第二步，1 是创新高的大阳线，3，4，6 均带有上影线

班长点评：上影线是第一步特征的内容，而这里需要给出你观察到的特征解释，特征存在的原由。

5 在年线处获得支撑，并量能逐渐萎缩。7 在 30，60 日线处获得支撑，9，11 在图中 B 处及 25，26，27 日 K 线均线密集处获得支撑。2 是前期压力底部及上市缺口压力所在。8，10，12 是 4 区及前期压力线。

班长点评：路数不熟悉，该抓特征的没抓，该给特征通过观察找到原由、给出解释的地方没有给出。

第三步，16、17 日 K 线构成揉搓线，并且 60 日均线即将金叉 120

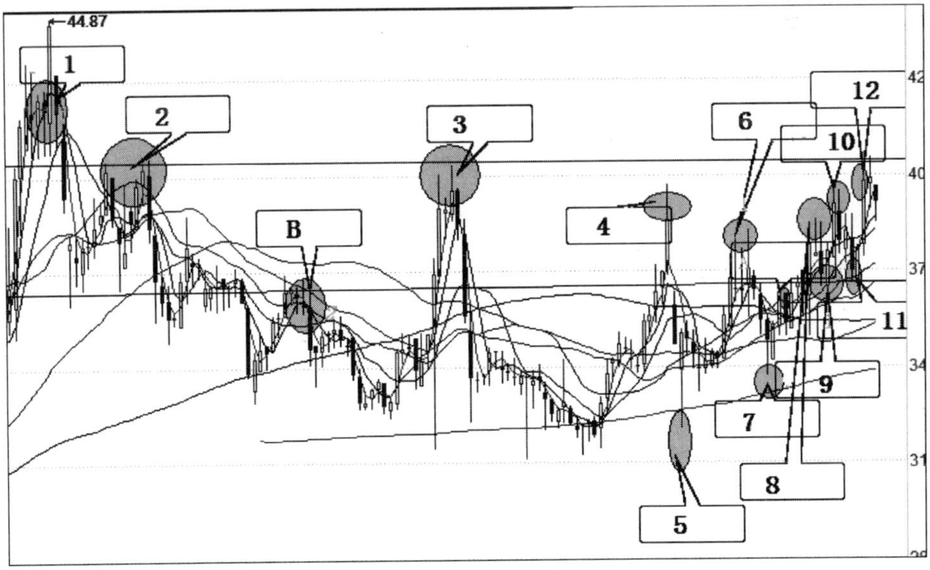

图 2–35　K 线示意图

日均线，6 区没有 4 区成交量大，没有突破。8，10，12 横向盘整，成交量增大，属于上升中的盘整。

班长点评：这里暴露的问题还是功课的基本路数没搞清楚，以至于按照自己对第三步的记忆以及习惯完成了第三步，但这不是我们真正需要的第三步，可以先从照猫画虎一步一步来，如前面其他同学那样摘出班长的每步要领，然后去完成它。

第四步，缩量至 10 日均线买入 1/3，突破压力线回踩再买入 1/3，以 5 日均线为止损点。

班长点评：第四步来的太笼统，出来这样的结果，症结问题同上。

第五步，从望里发现涨跌，盘整，3，4 不断试探压力线，然后回落，找到后援，均线有序排列。

第六步，只参与上升浪及突破 30，60 日均线的股票。

第七步，学会止损。

第八步，学好班长的四季战法。

班长点评：第五、六、七、八的问题同第三步，功课中反映出的问题，是对课程程梳理程度不够，这就是功课的价值所在，通过功课发现自身问题，然后不断完善自身问题，功课怎么做可以借鉴前面其他同学的功课，相信其他还在为找不到自身突破点的同学，像上面有的同学的功课尽管做的不好，但是试着做了就会越来越好，因为最不起眼的功课就是你找到自身突破点提高自己的关键所在。

第三节　运用技术的“技术”

第一股　日科化学 300214

在第二节留给同学们了日科化学，不知道同学们是否停下来对着图，试着进行“望、闻、问、切”八步走。这节先来把日科化学“望、

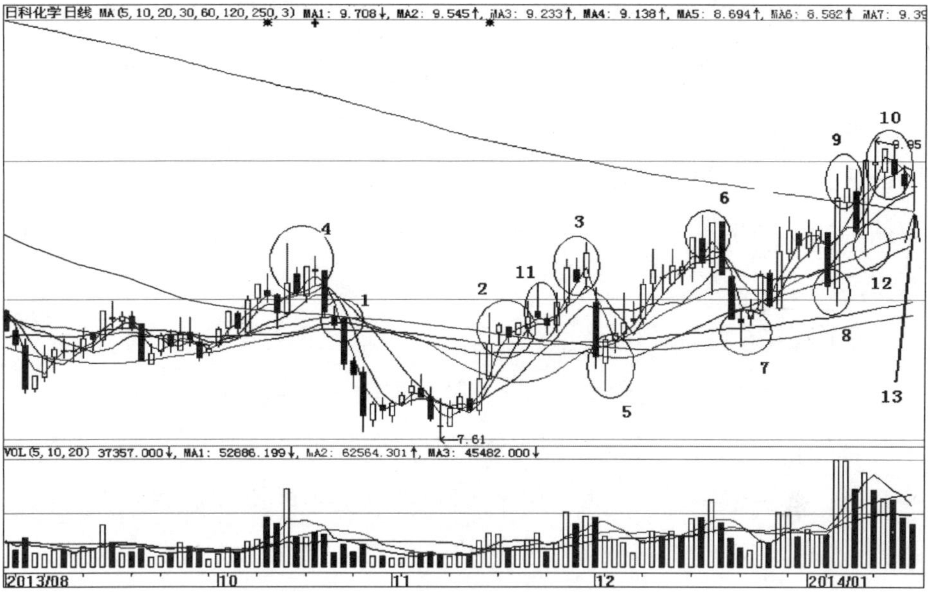

图 2-36 日科化学 300214（1）

闻、问、切”八步走再捋一遍，看图 2-36。

首先，是“望、闻、问、切”的八步，这八步也是班长最后一次结合例子来连贯讲解，同学们多结合其他股票，把这八步的思维逻辑养成习惯。

第一步，“望”。看走势中的特征，看涨、跌、盘整的特征；

第二步，“闻”。分析走势特征的原因，为何涨、跌、盘整；

第三步，“问”。问自己在走势的涨、跌、盘整中能做什么，凭什么这样做？

第四步，“切”。通过对走势的望闻问不断总结完善，优化自己的操作；

第五步，如何从走势中发现知识点？（望）

第六步，如何从前辈经验里汲取知识点？（闻）

第七步，如何从生活里诊断自己？（问）

第八步，如何从操作上完善运用知识的能力？（切）

有同学说最终还是要落实到操作上，班长不敢苟同，原因很简单，就是班长在之前说的，当你学会学习了，什么都清清楚楚、明明白白了，那么吃什么，怎么吃，在哪里吃，如何吃就不是问题，而是顺手完成的事。如果不清楚不明白，自然不知道如何买卖，买卖当然是个问题！所以，学会学习的第一点就是空杯心态，让你看清学习本质时就放下心中你认为的，而把第一、二节学习好，以保证这八步不会学偏，知道学这八步是用来干嘛的！

如图 2–36 日科化学：

第一步，来看走势特征，涨、跌、盘整的特征。

首先，我们是看特征，而走势都有哪些特征？无非就是涨、跌和震荡盘整，震荡盘整分跌势里的震荡盘整和涨势里的震荡盘整。所以，我们第一步是先把走势里的三大类走势抓出来，即涨、跌、震荡盘整。

其次，就是对这三大类特征的走势看其具体的特征。虽然都是涨，但涨法不一样；虽然都是跌，但跌与跌也有所不同；震荡盘整也是一个道理。这就是为什么第一步既要看是什么走势特征，还要看走势特征的特征。

接着，我们一起来把日科化学的走势看一遍。4 冲高后回来，留下上影线，回来后震荡，震荡后跌到密集均线，即 1 区，稍作震荡后下跌。2 区拉高回落，留下下影线，稍微震荡整理后再度拉高即 11 区位置，然后再冲高回落。

有第一步，就应该有第二步。上节班长是先把第一步说完，然后才说的第二步、第三步。但是随着熟练度的增加，有了第一步就可以往下展开。比如第一步抓到了 4 区的特征，你看到拉高和上影线以及回落震荡整理，应该立马有第二步，为什么拉高后没有站住，留下了上影线？为什么回落后震荡整理了一下？

我们看 4 和 6 是在一个区域的，对应的是 A 成交区（图 2–37）。那么，紧接着就是对 A 成交区“望、闻、问、切”。

第一步，A 成交区有什么特征？（担心同学们看不清，就在左边画

图 2–37　日科化学 300214（2）

了 A 区的走势出来）。看跌到 a 处获得支撑后反弹，反弹后再跌回来，仍支撑住，但是反弹后又跌回来，这次在 b 处没支撑住，狂泻大跌。后来再上来，又遇到 A 阻力线，即 c 点，遇阻回落。后经整理突破，突破后下跌，在 d 点获得支撑，大幅上涨，上涨后又跌破 A 线，即 e 点，又是狂泻。A 一线是就是密集敏感点，跌破了就是大跌，突破了就是大涨。

第二步，为什么会这样？为什么会这么敏感？因为在这里“恶战”过，死伤无数，堆积了太多筹码。找到了 4 区为何在这里有拉高回落、留下上影线，回落后为什么不是直接下跌呢？为什么先震荡了几日呢？走势这个“前辈”在跟你说什么？

震荡盘整，是说明拉高后对前期筹码有承接力，最终还是跌下来说明是心有余而力不足！同样，用在其他地方，你也可以第一步后直接第二步，没必要把第一步全部看完。

比如看完 2 区位置，找到特征了，就可以直接第二步，找原因，这叫不留疑点，一处一解决，最后连贯起来看看通不通，不通的、存疑的，就要重新去看。比如通过同学们的功课看到，有的到底是算盘整震荡，还是算上涨呢？比如 9、10、11。

上涨不会单独存在，盘整也不会单独存在。一定是什么之后的上涨，什么之后的盘整。所以，如果你觉得是盘整，那么盘整之前是什么？如果你说是上涨，那么上涨之前是什么，之后又是什么？这就是一处一解决。如果有失偏颇的话，最后连贯起来看，可以修正。

至于你现在能不能准确说对究竟是盘整震荡还是上涨，不重要。

就像你说 9、10 是盘整也行，是上涨也可以，是上涨后的盘整也没问题。关键是什么？关键是在第二步时，能连贯起来解释的通。

是不是只是不要求新手在第一步说准确？而老手必须准确说出是上涨、盘整还是上涨之后的盘整？或者下跌、盘整，还是下跌之后的盘整？不是的，班长反而是希望同学们能做到“法无定法”。

什么是法无定法呢？世间人，法无定法，然后知非法法也；天下事，了犹未了，何妨以不了了之！世人，法无定法，然后知非法法也；世间人，法无定法，然后知非法法也。

事情不一样，事情发展阶段不一样，我们要处理它所用的手段、方法也要不断变化才行，而不是拘泥于一种模式和方法。所以高人们做事，从来不是用一种固定的方法，看起来他们就像是没有方法似的；而其实，这种因势利导，因时而变的手段，才是最好的方法。

这就和武术中的“有招就有破绽”一样，只有不断变化招式，才能出奇制胜，制人而不受制于人。

班长讲的是“学会学习”，如果教给同学们的是死的东西，同学们还如何能“学会学习”？又如何做到“因势利导，因时而变”？

所以，在第一步，关键点是抓到特征，然后疏通缘由，这就叫不执着于名而重其质。

“法无定法”也是一种“法”“不了”也是一种“了”，我们又为何非得把明明不确定的说“死”，而忽略其他变数呢？我们“望、闻、问、切”的目的是什么？是第一步吗？是要确定是不是盘整、上涨或下跌吗？不是的，我们是要疏通走势，搞清楚原因。

但是疏通走势，搞清楚原因是为了什么？是为我们第三步服务的，即：在这样的走势当中，根据涨、跌、盘整，我能做什么？凭什么这样做？

比如2区位置，经过第一步、第二步，你知道了盘整以及为什么盘整。知道了为什么盘整就知道了有待选择，能不能突破是个问题。所以你的操作不可能建立在“能不能”上，所以你能做什么？观察，观望，等待，而不是买进。

太多同学容易犯的错误是把交易、操作建立在自己的想象之上，

而不是实际走势当中。所以，他们看到盘整，认为跌了就卖，不论是不是涨势里的“回调”；认为要涨了就买，不管是不是跌势里的“反弹”。根本不会想是不是涨累了、歇歇再涨，也不会想会不会是跌累了、喘口气再跌。

这样的同学，一会儿不操作心里就痒，好像每天不买卖一次或者几天没买卖一次就不叫炒股了。可事实上，选择观察、观望、等待有时候也是一种操作。就像法无定法是一种“法”，不了了之是一种“了”，沉默也是一种回答一样，有时候不操作就是最好的“操作”！

通过第三步，了解到在相应的走势中，你能做的有观察、买进、卖出等等。但这还不是目的，那么第三步了解“我能做什么”的目的是什么？是第四步。通过“望、闻、问”，在这样的走势中，我要如何操作才够简单干脆有效，才够完美？

比如3区突破4区高点了，如果抛开图不看，突破前面压力后理应再涨，当买之。可是你现在学会了扩大视角看，3区突破了4区，但是进入到了密集的A—B—C压力带。你想要的操作是干脆麻利的，结果却像王菲《棋子》里唱的:“想逃离你布下的陷阱,却陷入了另一个困境”。刚走出4区压力却进入了A-B-C压力带，如何能干脆，如何能麻利？如何能满足你的预期？又怎会不让你纠结？

通过这四步，你收获了什么？这是看着没用的自问自答吗？当然不是，而是通过第四步，你看懂了走势，知道了操作，甚至甄选除了哪些买卖是可以无视的，哪种买卖点有效，哪种走势可以避免无效的操作。这是就股而言的“望、闻、问、切”。

就自己而言的“望、闻、问、切”自问自答呢？当然要有第五、六、七、八步。看起来前四步对你操作最有用，可是没有后面这四步，你的操作水平，运用知识的技能永远会停留在一个水平，不会有大的进步和突破。

第五步，从“望”里发现了什么知识、什么特征、什么规律？

发现了什么新知识？没有，都是前面讲过的，都是已经知道的知识点。但是，你总结这些知识点了吗？还是没有总结，只是听听，连记都记不住？如果连“有”都“没有”,又如何在“已有”的知识上获得突破？

发现了什么规律？虽然都是涨、跌、盘，但是在不同个股里，或者同一只股的不同时期、不同阶段还是有差异的。比如走势是连贯的，是环环相扣的，比如操作者的操作也是同样道理，是环环相扣的。如果什么都不看，就去买卖，就好比你不看日科化学的 2 为什么震荡，就认为 3 这里要大涨一样。

只有你把观察到的总结出来，建立自己的知识网，而不是任知识碎片在你脑海里七零八落，这样你才能走进运用知识的大门，你才具备了高效率运用知识的技能。而这就是第六步，从“闻”里应该汲取什么样的知识、特征、规律为你所用？

第六步，平常的你交易是怎样的？问题往往出在哪里？学过“望、闻、问、切”以后要注意什么？比如你平常见到 3 区就要买进，问题出在你只看到了突破，却没有足够大的视角发现突破了一个小压力却进入了更大的压力带，可是现在你有系统性的操作步骤了，经过几步下来你知道 3 区这里虽然突破 4 区，但又进入了一个更大的压力区，所以以后你不想再出现这种买进后不涨的情况，应该怎么办？

应该把买不买或者卖不卖的问题先放一放，把前面看似无用的，繁琐的几步走走，走两步看看，你就能看出问题，再走两步看看，你就能解决问题。以往你一月、一周甚至一天交易数次，但多数时候都是小盈小亏和平手，主要利润点就产生在几笔交易上。到了第七步，你的操作应该已经跟以往大有不同了。交易讲究的不再是交易量，而是交易的质，一次有质量的交易胜过10次没有质量的交易。

但是，到了第六步，可以做有质量的交易，就到此为止了吗？虽然你的目的是做有效率的交易、达到获利的目的，但是学无止境，学下去可以让你的交易更有效率，获利更多，所以，你要在第七步这里站住，还是继续下去？

第七步，完善了操作，还要完善运用知识的能力。

上节讲过，问题解决不了是视角局限，把走势连贯起来多看些就解决了，就像图2–36日科化学的4和3，如图2–36中是找不到答案的。只有拉长走势多向“前辈”请教，如图2–37上才能看到原来是ABC压力。运用知识的能力解决不了，往往也是因为视角局限，所以要打开视线，不局限于某个地方，多拉长走势多“请教”一些“前辈”。

怎么打开视线？有人说站得高看得远；有同学说“继续学好班长的内容，虚心请教”。但是，班长不是唯一，也不能是唯一，否则你就不会有更全面的“视角”。

班长希望的是什么？是你听完班长的课，有了自己的理解，然后通过实践、思考，不断产生新的认识。这就是前面说的，同样的风景或者同样的一首歌，在不同的时期、不同的阶段、不同的心情，你总能听出不同的感觉。所以班长觉得，学习也是“法无定法”，永远不要觉得我们学的够好了！我们还差的很远！

第二股　新开源300109

如图2–38新开源，上影线B突破A高点，但是为什么出现了C大跌，

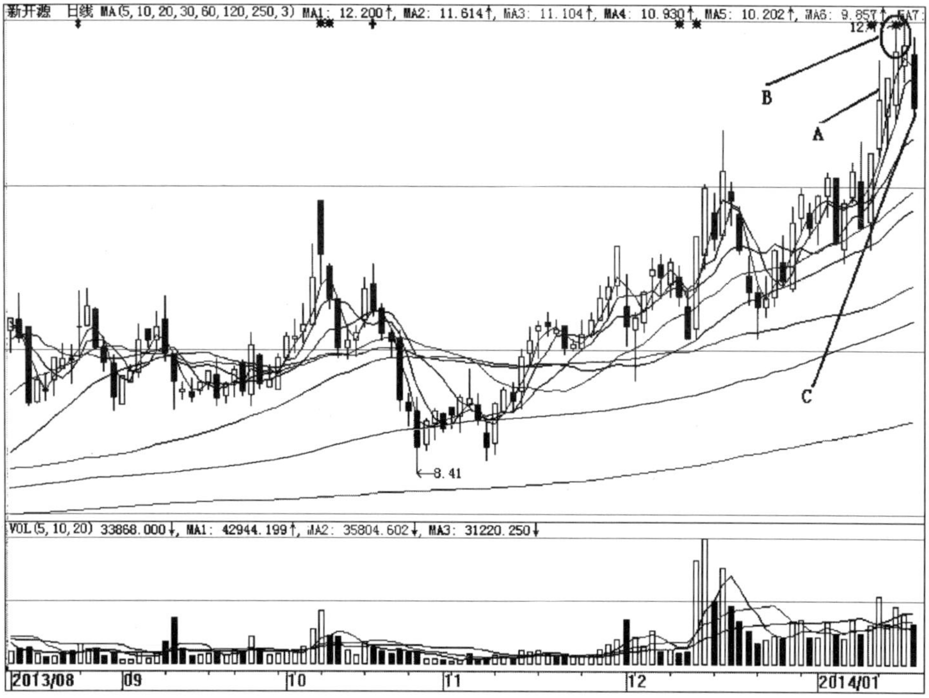

图 2–38　新开源 300109

而没有涨呢？是因为进入了新的压力区，也就是没突破第一节图 2–2 当中的 E 区。

第三股　利君股份 002651

如图 2–39 利君股份，有同学问了，4 之后是大跌 5，然后出现 6 区大涨，11 区大涨前为什么没有出现大跌而是 10 区盘整呢？

上节班长回答后如果还不明白，这节如果做好了第一步、第二步，那么这个问题就不再是问题。明白了“法无定法”，也就不会再执着于此。但这里班长要说的是 11 区之后的上影线，11 区上影线之后会不会和 2、4、6 一样要大跌？

做好第一步、第二步就会有答案，比如前面的新开源，虽然 B 突破了 A，但是进入到了新压力带。这就是要把走势疏通的重要性，没有第

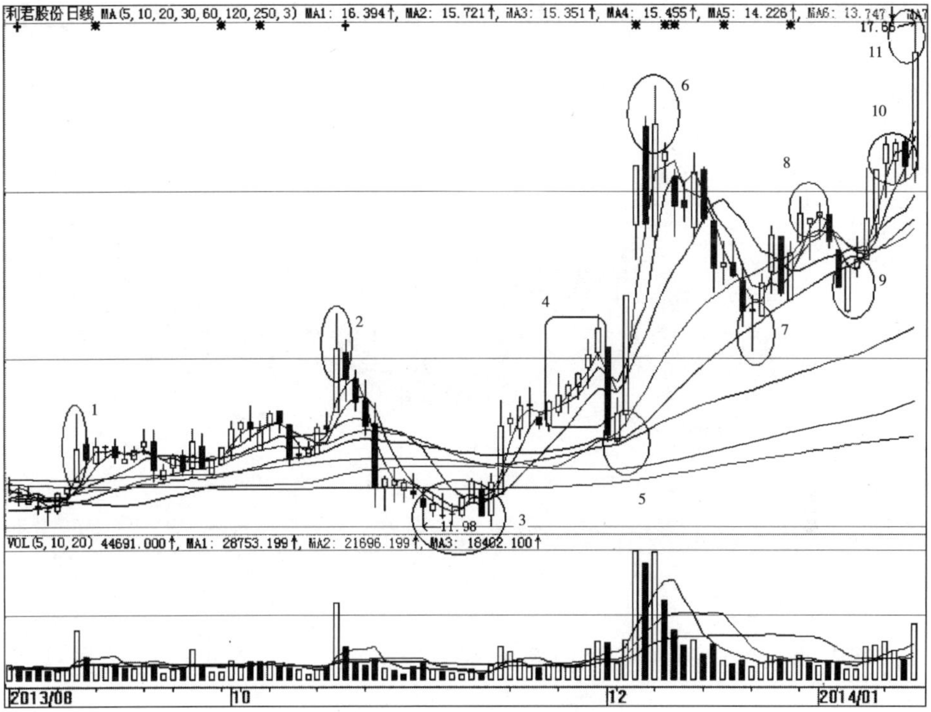

图 2-39 利君股份 002651

一步、第二步，想上来就能很好的解决买卖问题，就相当于地基都不打，甚至一楼二楼都不要，直接盖空中悬浮房那般滑稽。

第四股 长城集团 300089

如图 2-40 所示，A 突破 C，为什么 A 之后还能继续上涨？ C 突破了谁？是哪一节讲的知识点？ B 又突破了谁？或者涨到了哪里？这些问题你要不要去翻看走势，请教“前辈”来疏通？

上周末给出的个股，周一回踩低点，一周时间涨了多少？新开源连涨，还有上节的利君股份大涨，想要挑出来的股，在你挑定买点买进后，出现干脆麻利的拉升，你是需要付出的，这付出不是花钱买本书看一遍就行的，否则就相当于花钱买几柱香点上，那好事善事留给谁做？必须从自身做起，所以，在班长讲买点之前，你要不要再把这些例股过一遍？

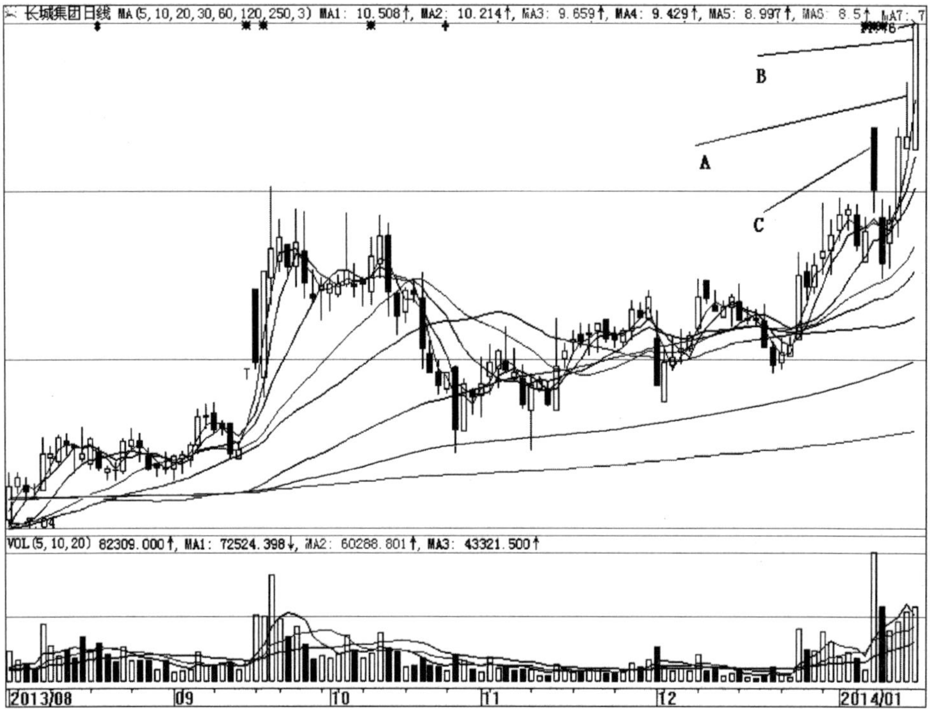

图 2–40　长城集团 300089

过一遍指的是“望、闻、问、切”的八步，以及前两节的疏通逻辑。当然，如果你再把你熟悉的股这样来练习一下，也是极好的。毕竟这世上，没有一种操作方法是省事、简单又能获取暴利的。

第四节　具体的买点问题

事实上，买点问题已经在第四步“我要如何操作才够简单干脆有效”有所体现了，这节是需要把买点单独列出来，有针对性的讲一讲。

先让同学们观察走势里什么样的买点干脆有效，而不是班长先讲什么样的买点有效，为什么是这种逻辑？班长在第二节里讲到过，这本书的核心是学会学习，学会怎样学习炒股，不是班长跟你讲要怎么操作，是班长引导同学们去找到该怎么操作的密匙！不然,又怎么能叫“学会”学习。

就走势及操作者的“望、闻、问、切”之八步，相信你现在多多少少也能说出八步了。这是通过例子进行“望、闻、问、切”的渐行渐悟，现在缺少的就是捅破“学会怎样学习炒股”这层窗户纸，一旦打破就是顿悟了。

佛陀顿悟也是在菩提树下坐了又坐的，我们作为平凡到不能再平凡的小投资者,能坐下就顿悟或者不坐就顿悟吗？当然不能,我们需要“做了又做”“做了再做”渐行渐悟的积累，才能最终打破枷锁、顿悟成股海精英!

所以，无论你做没做功课，也无论你做的好坏，更不论你之前学了多少。要想有所成就,不付出是绝对不行的。就像有同学分享的经历“依靠别人是多么愚蠢”，当然，这个“依靠”是指把自己希望的火苗交给别人掌控是多么的愚蠢。

你必须依靠一切可依靠的力量来完成渐行渐悟的积累。就像一粒种子，汲取一切可汲取之能量，才能长成参天大树。

同学们不要眼高手低，这八步说少不少，说多也不多，说简单不简单，说难的确也不难。只要你坚持做功课，由量变到质变，用不了多久你就会看到一个涨不停的自己。

第一股：兆日科技 300333

看图 2–41 兆日科技，看股怎么看？直接上来说哪里买干脆吗？当然不是，为什么不是？因为班长知道大多数同学，还不能做到上来就抓到真正干脆有效的买点。

同学们目前阶段还需要“量”，还需要“渐行渐悟”。只有这样通过“望、闻、问、切”一步步学来，才能真正的懂什么地方的买点干脆有效，否则班长画出来、说出来的你知道，换只股你马上又不知道了。

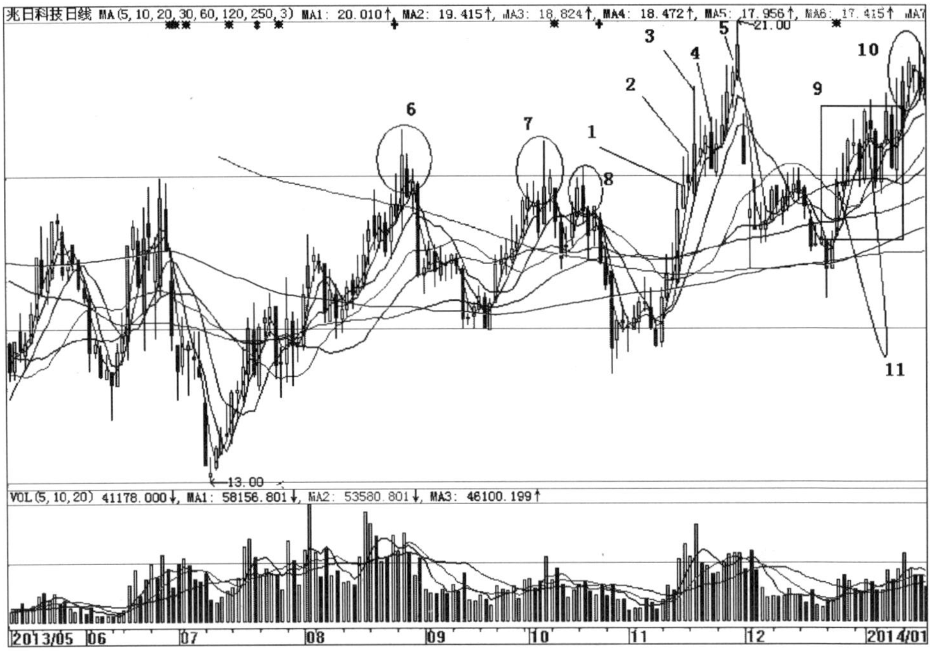

图 2–41　兆日科技 300333（1）

而这样严格按照步骤走，养成好习惯，做到真正看懂走势，无论换到哪里你都看得懂。别说是股票，外汇期货一样。这就是靠自己，自身练就技能了，走到哪杀到哪。靠人家就算靠得住，那也是局限于此，不是长久之计。

干脆的买点，有效的买点，同学们真正想要的买点，接下来就让班长借助于“望、闻、问、切”娓娓道来。

第一步，来看走势特征，涨、跌、盘整的特征 。

第二步，来分析走势特征的原因。根据涨、跌、盘整的特征，找到原因给出解释。为什么班长还没说涨的特征、跌的特征、盘整的特征呢？怎么直接第二步了？事实上，班长要第三步了。

第三步，在这样的走势当中，根据涨、跌、盘整，我能做什么？凭什么做？

为什么？因为班长不是陪练，更不是你一辈子的拐杖。你是来学习

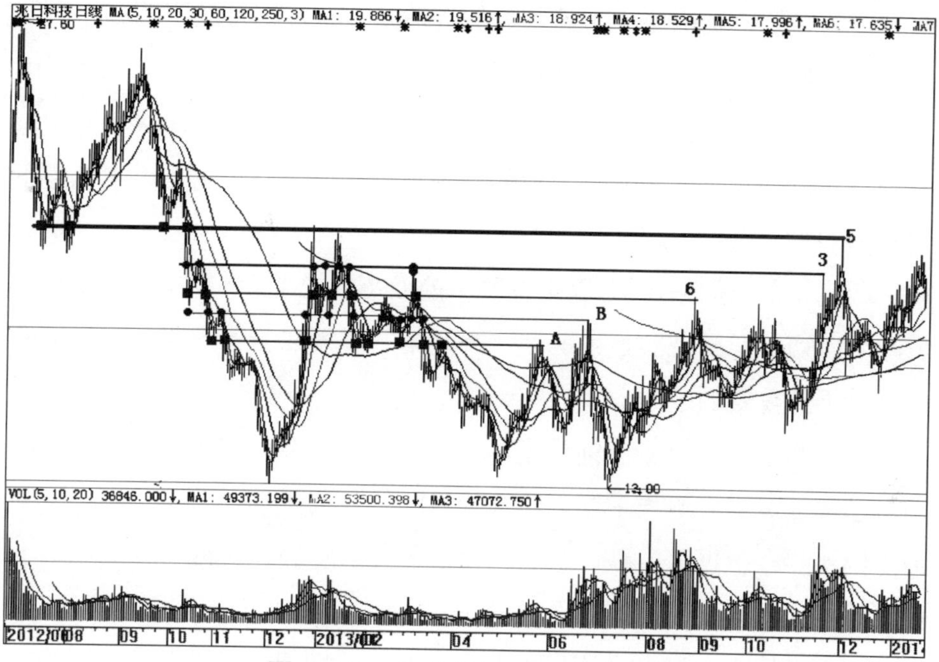

图 2–42 兆日科技 300333（2）

的，你不是来找拐杖的。特征如果你还不会看，走势特征你还疏通不了，还想要班长继续讲？如果你不复习，你不看班长讲的，班长就算讲一辈子也没用。

如图 2–42 所示，班长画不画出 6 对应的平台压力，你都得知道为什么 6 那里涨不上去？是因为遇到什么了？如果连走出来的已成事实的走势，你都不能疏通，还看不懂，把握不到关键点，那么你又凭什么把握到那些没有走出来的？仅仅是凭着你觉得涨，你想要涨，你认为涨，然后买进它就能涨吗？ 也许你人品极好，运气极好，买进真的涨了。但你想过没有，涨了你赚到钱了，但你是不是凭真本事赚到的？是不是赚的明明白白？这点你心里应该有数吧。

从牛市走过来的老同学，必定对此有深刻的认识。牛市里赚钱，不等于你有赚钱的能力，更不代表你有能力守得住这赚来的钱。所以，你能不能不要沉浸在不明不白的小胜之中。不明不白的小胜，反之就是明明白白的交易，无论盈亏，盈则盈的清清楚楚，亏则亏的明明白白。而这清清楚楚、明明白白从哪开始清楚？又从何处开始明白？毫无疑问就是走势。这就是班长不先讲同学们最关心的买卖点的原因，尽管同学们都说最终还是落实到买卖点，但你如果不明不白，那买卖点讲了也是不明不白的买卖点 。

所以，第一步第二步，重不重要？前面班长说了，市场是一面镜子，反映了一切。残酷现实点说的话，不是第一步第二步不重要，而是你的眼睛看不到重要的东西。

我们为第一步第二步铺垫了两节，又讲了三节，如果你还不懂，必须自己去复习了，班长手把手陪练的只能是一段。

第三步，根据涨、跌、盘整，我能做什么？凭什么做？

你一“闻”二“望”，看的特征抓到了，疏通的走势找到原因解释了，但是还不知道自己能做什么，怎么办？别担心、别着急。因为，有时候不操作就是一种最好的操作。这话怎么说呢？比如机会不确定时，你明明不知道该如何操作，下面给你两种选择：

A，原地不动，本金肯定不会少，等到你确定的机会再动手；

B，你有一半的可能会得到 10%，也有一半的可能损失 10%，但是你如果损失 10%，下次需要 11% 才能回到平局。

选 B 的话，忙四次，可能还是平局，小盈小亏的结局；而若选 A，放掉两次不确定的，操作两次，哪怕有一次没把握住，只把握住了一次，都要比 B 收获大得多。

所以，如果你是新手，如果你看了兆日科技或者你手上的某只股，经过第二步后，发觉第三步不知道能做什么时，别着急，别担心，什么都不做就是了。

凭什么？凭你不知道能做什么，当然就什么也不做了。难道明明不知道做什么还非要不懂装懂的操作？

带着不知道怎么操作而什么也不操作的原则来到第四步。

第四步，通过“望、闻、问”，在这样的走势中，我要如何操作才够简单干脆有效？才够完美？

如图 2–41、图 2–42，对于 6 为什么没涨上去，经过第二步，你应该有答案。7、8 也是一样的道理；1 上来，2 回档盘整震荡，3 拉高，4 回档盘整震荡后再拉升一波。

两幅图都看下，为什么 A 不如 B，B 不如 6、7；而 6、7 不如 1、3、5？通过图 2–42 不难发现，A、B 对应的是前期压力山大的山底；6、7 对应的是山心；1、3、5 对应的是山尖尖。虽然山尖尖最高，但是经过 A、B、6、7 的步步递进，本来的一座压力山，现在只剩下一个山尖尖了。

这两幅图涨的干脆不干脆，操作起来利索不利索的启示是什么？很简单，就是远离面临各种压力的品种。你一“望、闻、问、切”，发现股价上行紧邻着一座压力山，你还要做吗？反之，你不做吗？再回头看，如果你就只做一只股呢？兆日科技没得做吗？

我们的思路很简单，能换品种时我们换没有压力山的品种；不能换品种时我们就选择压力轻的那一段来做。

注意，这些不是班长规定的，是班长和同学们一起通过“望、闻、问、切”总结来的。因为第三步时，我们不知道该怎么做，而到了第四步，才找到了第三步的答案。

回到图 2–41，假设我们不能换品种，只能在兆日科技里折腾，那么选哪一段？或者说到压力山底的时候，我们不妨等等抄底的变成垫底的解解压再说？我们不是来比操作的，更不是谁操作次数多就赚钱，根据操作次数多少赚钱的那是券商。你比的是最终盈利，就像上面给你的 AB 两种选择，你是选择交易四次，最终小盈小亏的 B 方案，还是选择放弃掉没把握的两次交易，且盈利多的 A 方案？

这就像当你看见干掉了山底的敌人，又把山中的敌人剿灭了，还在往上推进，说明是真强势，就剩下山顶制高点的压力，面对制高点压力要比山底或山中的压力轻得多了。所以，你要么参与，要么等连山顶也被端了再入伙。

根据山尖压力来说下操作，如图 2-41。

首先，1 上来时，我们是不能确定能突破 6、7 的。即便你考虑了山底压力释放问题，即便你觉得突破是大概率，但也只是概率。在大概率上建立大概率的交易，结果还是大概率吗？概率已经远远降低了，所以 1 出现突破了你看，2 盘整，你肯定知道盘整的特征，你也知道盘整的缘由，但是你别跟班长学了两招就有了要掌控走势一样的心态。

你需要淡定些，成熟些，即便你知道盘整是因为 6、7 的阻力，而盘整震荡不上不下，却是在 1 突破后的基础上，股价向着阻力最小的方向运动，只要不下，再上突是大概率。大概率是大概率，你需要等，你不能把大概率的交易建立在大概率上，因为你知道这样建立的结果不是大概率。

经过 3，突破 6、7，你笑了，因为突破了。但是突破后上面距离下一压力的空间不算大，你又皱眉了。别问我怎么知道距离下一压力的空间不算大，第一步、第二步、第三步不是白学的，更不能只知道 1+2=3，反过来 3-2 等于几就不知道了。可是当 4 的回调出现时，可操作空间不算大，因为回调，回调出了空间，你还犹豫什么？

第一，是 1 突破形成均线多头排列；

第二，是 3 突破 7、6 后打开新空间；

第三，是 4 的回调，调整压缩出空间；

第四，锁定了上方压力位。

前前后后你清清楚楚、明明白白，做这样的交易，你心态还会不好？

怎么买？

首先，更好的标的股是什么？是没有压力山的，现在有山尖尖的压力存在，你选择了它操作，意味着你选择了一种操作；其次，空间，回调决定了你的买入 。

同学们可以根据自己资金分配，一般是分两笔。3、5 日均线；5、

10日均线；或者三笔的3、5、10日均线。什么是空间，回调决定了买入？为什么不等回踩20日均线？而是回踩3、5日均线；5、10日均线；或者三笔的3、5、10日均线。如果回踩到20日均线，3的突破意义就被推翻了，买点建立的条件都被倒翻了，你还在忙什么？这是最容易忽视的一个问题，出发久了容易忘记出发点。这是回调，再说空间。

因为买点确立的条件其中两条，一是回调，二是压力，又决定了卖点。卖点是定左侧交易的压力线？还是定右侧的3、5、10日均线？就像回调为什么是10日均线而不是20日均线一样。

显然是要定右侧的，但究竟是3、5、10日均线抑或是像买进比例一样组合着也可以，比如跌破3日均线卖一半，5日均线再卖一半？

看图中9，再次突破前期7、6站上密集均线形成多头排列，但是11中的两根大阳线发力后为什么没有发起攻击？因为3突破的是6、7，而9要突破的是3、5。

再看10，为什么在这里震荡？用你所学的第一步、第二步，试着说说。对了就是10面临5高点，如果10盘整后突破5高点，怎么做你知道不知道？方向给你们指出了，剩下的就看是否能天时地利人和，天时地利人和了就是去操作，就这么简单。

同学们好好复习，下节以长城集团为例讲另外一种走势的操作。

第三章

学习知识的融合

学习不是为了学习而学习，不是熟记和背诵理论、知识的只言片语，更重要的是通过学习已有的知识，掌握学习的方式方法，总结经验、发现新的问题，研究新的内容、获取进步，把知识、理论内化为自身的素质和能力！

我们的主题就是：学会学习、学会怎样炒股。所以不怕你不会，不怕你不知道如何下手，就怕你不静下心来找到究竟不会什么。比如到了第三步如果你不知道该做什么，不知道做什么不是问题，只要按照我们的步骤，到第四步就解决掉了第三步的不知道该做什么的问题。这也像股票的走势，层层递进。没有突破压力，哪有连续拉升？你要想获得自身能力的连续“拉升”，就得先突破你的“压力”。而突破自身的压力，就像股票自身的压力一样，是需要经过反复整理的。道理如此浅显，你是急功近利还是先找到自身“压力”、疏通压力、释放压力？

第一节　明确买点的四个要素

这节班长来详细讲解一下具体的买卖点，来看长城集团的两幅图。

如图 3-1、图 3-2 所示，还要班长告诉你第一步、第二步、第三步等分别是什么吗？如果你不清楚，除了复习别无他法。

每一步的意义是什么？如果你不知道，那你模仿步骤进行学习的收效甚微。所以，最好的办法就是通过模仿发现问题，然后再解决问题，就像不知道意义，就回头复习从中找到意义一样。

重点来说具体的操作，哪里买，哪里卖。这股哪里买不是研究的目的，我们研究的目的是通过该股走势，让同学们知道什么样的买点，会受到市场的嘉奖。

上节我们已明确买点的四个要素，总结成有指导意义的标准是：

第一，是突破形成均线多头排列；

第二，是突破近期压力后打开新空间；

第三，锁定上方压力位；

第四，是回调买进。回调 3、5 日均线或 5、10 日均线或 3、5、10 日均线买进。

有了这四个要素，再去看长城集团。

什么叫再看长城集团？是在你疏通走势的基础上再看。如果走势你连一遍都没看过，不了解走势里的关键点，如何操作？你也别马上就拿这四个要素去操作，这四个要素的操作是要建立在我们的八步基础上的，缺一不可。

那么，我们再看长城集团，符合第一条、第二条的有哪些。没有这四要素前或者没有“望、闻、问、切”，你看走势不是这里觉得能买，

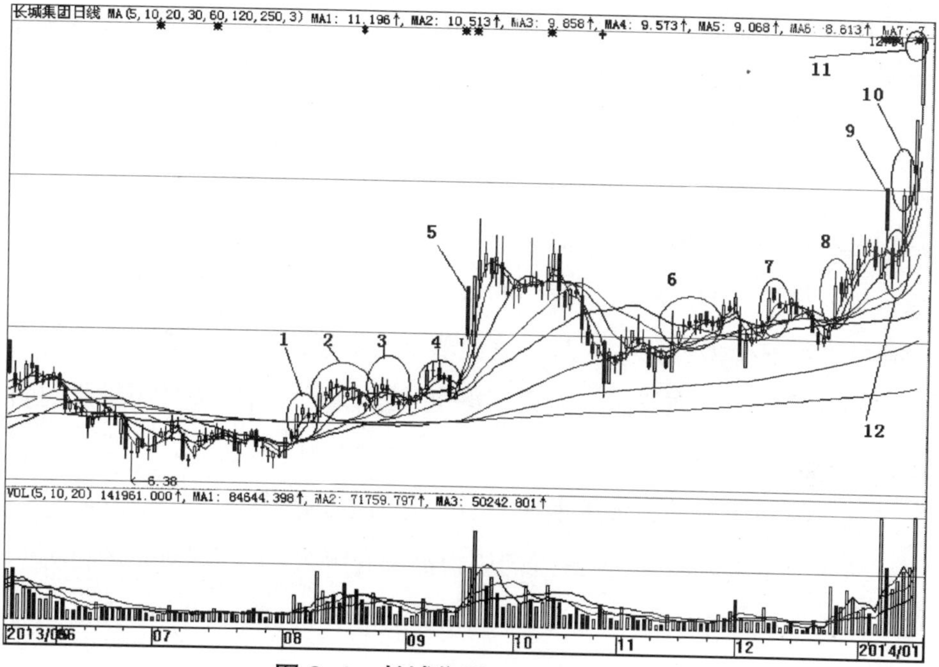

图 3–1　长城集团 300089（1）

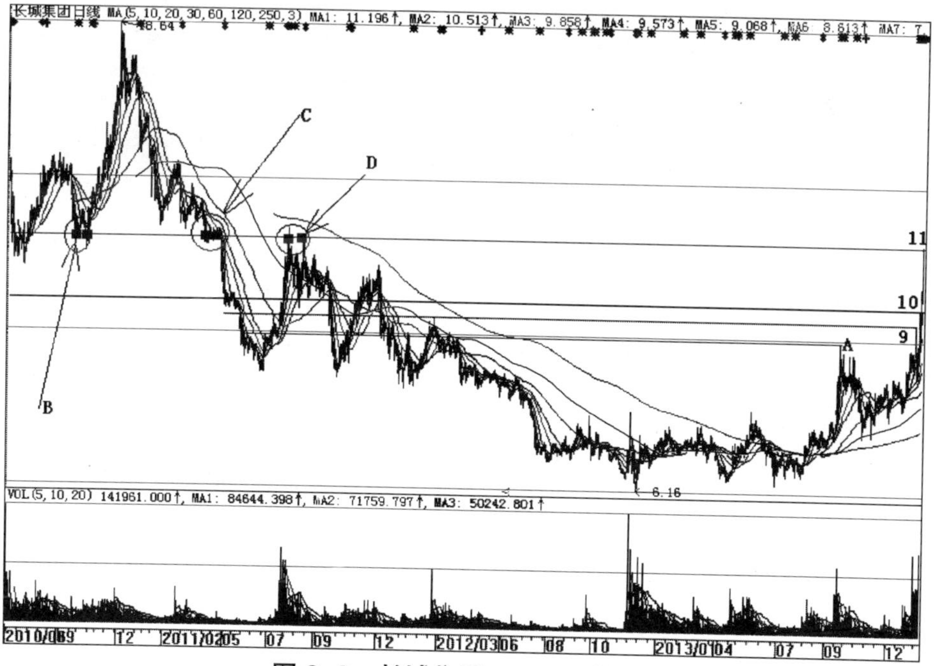

图 3–2　长城集团 300089（2）

就是认为那里能买，现在经过“望、闻、问、切”四要素之后视线瞬间干净清澈了，这就是我们操作，凡事讲究清清楚楚、明明白白。

第一，突破形成均线多头排列，那你就要问为什么。

为什么？答案在八步走的自问自答中必然可以找到。前辈告诉你了不是多头排列的结果是什么样。走势特征你知道了，而涨势特征没有在空头排列里进行的。所以，我们的每一步重要不重要？我们的第一条科不科学？没有个人的臆测主观，完全取自于市场用之于市场。

再看第二条，你依然不能只记得班长跟你说的第二条。还是要问明白，然后给自己解惑，清清楚楚、明明白白的知道第二条。

第二，为什么是突破近期压力后打开新空间？

从走势里可以看到,连最近的压力都没有解决,又何图更高的目标？这和“攘外必先安内”一个道理。要想图更高的目标，就需要先把眼前的绊脚石解决掉。

第三，是回调买进。回调 3、5 日均线或 5、10 日均线或 3、5、10 日均线，为什么是回调买进？

为什么是回踩 3、5 日均线或 5、10 日均线或 3、5、10 日均线买进？所谓知其然知其所以然，学习一定要有这种精神，这样你就能养成常人不具备的视觉。

为什么是回调买进？既然是回调，是什么样的回调？这就是关键。当回调买进这个条件要运用时，条件环境就必然存在，是什么？是第一条，突破形成均线多头排列。有了第一，第二，保证了前提，不是随时可以追吗？你还远远没有达到那种可以把握追买的境界。用回调就是来约束你追涨，我们制定规则来约束自由散漫交易的坏习惯。当然，在约束不良交易习惯的同时，我们也在养成好的交易习惯了。

所以，回调买，是因为我们才刚开始学会走路。为了保证我们不随便折腾，摔不必要的跤，养成良好的交易习惯。注意，别忘前提有了第一、第二，才有第三的回调买。

为什么是回踩 3、5 日均线或 5、10 日均线或 3、5、10 日均线买进？第一加第二加第三是什么？是突破形成均线多头排列 + 突破近期压力后打开新空间 + 回调。符合这种条件的是什么品种？你不知道或者不确定没关系。但是我们这条件是从哪儿来的？是不是第四步你还不清楚？

这三个条件是从干脆利索的走势中总结出来的，当你运用这三个条件时，你想得到的和你要做的不就是干脆的交易吗？如果，买进之后不干脆，根本不符合你预期，你还要不要？

回看你的交易，明明是买涨的，买进之后不涨反跌，可是你还牢牢抱着不放，是不是有过这样的情况？那么，现在问自己，为什么会抱着不放？你抱着不放的不是要涨的走势，而是你幻想中要涨的走势 。

同样，选出干脆买点了，买进后不干脆，只能说是伪干脆买点，果断弃之重新选择目标就是。

如果干脆买点这样优异条件的股票还不能给你好的结果，你还能期待什么样条件的股票给你好结果？靠运气？凭内幕？但运气、内幕消息不也就是一次两次的事情吗？要想长期盈利还得靠真正有效的技术。

因为是干脆的买点，短期性质的，所以决定是 3、5、10 日均线。我们看图 3-1 中，符合这些的无非是 5、12、10 日均线，而 12 区是跌破 10 日均线后在 20 日均线止住的。

为什么我们要 10 日均线，没有要 20 日均线，由图 3-1 我们可以看到在 20 日均线止住了，但是如果没止住呢？你总不能只想好事吧？

那么，把防线从 3 日均线拉到 20 日均线，等到跌破 20 日均线时是不是亏的有点多了呢？

当然，不是说防线不能这么拉，你千万别这样理解，那班长是说什么？是你要做干脆交易的前提下。举个夸张的例子，你做短线，看年线、半年线干什么，甚至周月线合适吗？等到跌破时，短线早不知道套成什么样了。反之，你走长线，看 1 分钟 K 线，忙活的要死要活，随着涨跌起伏，阴晴不定，还能稳做长线吗？

第四，锁定了上方压力位。为什么锁定上方压力位？

其一，我们第二个条件是什么？突破压力不代表下面没有压力。所以要看看有没有压力，然后再根据空间的大小决定是不是满足操作需要。其二，辅助卖点，买点怎么来的，卖点就怎么来。

第一，到了阻力区。但阻力区只是警醒你，股价有可能遇到阻力结束上涨。

第二，上涨势头结束了。这就像买进条件的首要条件，比如是多头排列上涨势。

第三，就是卖出了。还是3、5日均线或5、10日均线或3、5、10日均线，原因和买点选择它们的原因一样。你做的就是短线干脆的交易，代表短线趋势的均线跌破，意味着结束了短线涨势结束了。那么，你还抱着它干什么？

但是如果3、5、10日均线因为高位盘整震荡聚拢了呢？你就可以把20日均线引入进去辅助一下，比如跌破聚拢的3、5、10日均线你出一半，跌破20日均线再出一半。

3日均线就卖的优点是，跌时能尽可能锁定利润。但是3日均线周期太小，承受波动有限，容易造成波动里出局。5日均线也是这样道理，而一般不取20日均线，正好是和3日均线相反。承受波动范围太大，真跌到20日均线才走，容易造成损失，出现坐电梯的情况。

我们不知道3日均线之后还会不会跌，也不知道5日均线之后会不会跌到10日均线，跌到10日均线后会不会继续跌，所以最好的办法就是折中取，有舍有得。

别再花心思去想在最高点全部卖出，在最低点全部买进的好事情了，除了会让你得失心更重，白头发多几根，影响交易，没有其他什么好处了。

都知道难得糊涂好，都在说大智若愚好，但具体要怎么做？为什么你嘴上说，实际上要做这种难得糊涂大智若愚的事情时会抗拒？原因在于你没有真正了解它的好坏、优缺、利弊。所以，学习完书本你要做的就是多通过这些股的买卖点，真正认识到这种折中交易的买卖的好处。

第一步，你留意卖点出现，第二步，卖点出现，你按照第三步卖出策略执行卖出，第四步是什么？阳极而阴，阴极而阳，等待新的机会。新的机会不仅仅是寻找新的目标,也是这只股卖出后再度出现买入机会。

所有压力点都是要考虑的压力范围，锁定就是清仓的意思，不能对要操作的股什么都不知道。以短线参考值买进，不等于是短线操作。

以短期均线参考值买卖，是要做干脆的交易，别给自己下套，非得定义什么短线不短线的操作。当然，不想做不能做干脆的交易，我们学的不只是一种干脆买点，我们只是以这种买点来讲怎么学习。所以你要用这种能力去“望、闻、问、切”，找出适合你的“干脆”买卖点。

比如班长新浪博客股池的焦点科技 002315，周一（2014 年 1 月 13 区）跌破 5 日均线锁定利润离场，紧接着就是买进，周而复始的交易。当然了，有同学难免会问，与其卖出了再买进，为什么不直接拿着就好了？班长要问你的是，在跌破 5 日均线以后你知道跌下去今天还能涨回来？你可以保证跌下去后不是大跌？相对这么多的不确定，当然选择确定性的交易，那就是锁定利润，然后再跌到下面按照支撑买进，如此周而复始。

如果跌破 5 日均线后大跌，锁定了利润，如果没有大跌，那么我按支撑买进也不错过今天的涨幅。当然，班长不是在给同学们说多折腾，而是说买卖并没有什么可怕的，知道你自己在做什么就可以了。按条件买进，走势证明错了止损，跌破了条件卖出，符合了再进。

关于买卖点的事情我们就不过多展开了，把关键点、要点给同学们介绍讲解完就好了。对于技术性交易,想要掌握的更多、更饱满的同学，就把《教你炒股票》系列书读完。

今天（2014 年 1 月 17 日）看到有同学说长城集团要逆天了，利空消息 + 阻力区都没跌。经过这节课的学习，起码应该明白一个原则性的问题，不要相信你的主观判断，只相信走势，谁规定利空就要跌?

是的，就像没有人规定逢支撑就得支撑得住，逢压力就一定压得住一样，这是我们之前学的，不能学了就忘了。

回到长城集团的股票走势中，结合这节讲的来看10区。

有阻力区，但是只满足了第一步，有上影线又怎样？没有达到卖出条件，你就可以避过这震荡吃到后面的三个涨停。但是连续拉三个涨停出现的情况是5日均线远离，更不用说10日均线了，所以这时候应该侧重的是锁定利润，否则等到10日均线时，这一波又坐电梯了。

这就是活学活用，学问学问，要多多的主动的“望、闻、问、切”。就像买点条件对应了卖点条件，知道了买点条件，卖点条件为什么是那样，自己也能搞清楚弄明白。就像八步骤第三步不知道怎么做，到了第四步就能解决第三步一样。就像3日均线买卖的优缺点你列出来，10日均线的优缺点你列出来，你就理解为什么做出3、5日均线或5、10日均线或3、5、10日均线这般大智若愚的交易。这就是活学活用。

第四部分，是学习能力之融合。学习能力之融合是什么？什么是学习能力之融合？怎么融合？为什么要融合？融合了干吗?

我们讲买卖点，我们讲股票，不是为了让同学们买这只股票，知道这只股票的买卖点。因为学习不是为了学习而学习，更不是背诵理论、熟悉知识的只言片语，更重要的是通过学习已有的知识，掌握学习的方式方法，总结经验发现新的问题、研究新的内容获取进步，把知识、理论内化为自身的素质和能力！话是这样的说的，但是归根到实处是什么呢?

就是“望、闻、问、切”的八步走，让同学们养成良好的分析习惯，会看待问题，会找问题，会解决问题。而这找到并解决问题就是能力，就是运用知识的能力，否则你就永远只停留在知道理论、会分析而不能提升分析的水准，更不能运用理论为你创造利润。

注意，最终还是“结”出了利润的“果”。因为这是修行的必然结果，所以，经过前两节和后五节，你认识上的顽疾化解没有？还会不会上来就问班长买点在哪里？卖点在哪里？

下一节将会把“望、闻、问、切”“融会贯通”系统连贯的讲一遍，如果你还没有跟上节奏，别着急，但你也不能不着急着给跟丢了，更别因为买本班长的书不贵就不珍惜，别人讲的再好也不关键，关键的是现在的你决定了明天的你。

第二节　学会学习　融会贯通

“望、闻、问、切”，做到处处“望、闻、问、切”，就可以涨不喜跌不忧，看盘明明白白，操作从从容容。至于班长有没有留一些压轴的来讲，真没什么压轴的。非要说压轴的，那就是化繁为简，从技术里走出来，从学习里清醒过来，明白什么才是最重要的。

什么是最重要的？这就一定要知道第一节第二节讲了什么：

（1）学习的目的；

（1）学习的本质。

学习的目的是什么？是为了获利！但是学习不等于获利。种善因得善果，如果你的目的放在学会学习上。学会了运用知识的技能，运用好了“望、闻、问、切”八步走，炒股的结果自然而然就会是好的果实！

真正能从心底里认识到——你的精力应该是围绕着学习知识、学会运用知识的技能、运用好班长教的“望、闻、问、切”八步走，并且打心底深处意识到只要你学习好、运用好这八步走了，炒股获利如同种瓜得瓜种豆得豆那般水到渠成。

唯有这真正的本质你认识到了，意识达到了，在学习目的上你才能真正做到不偏离主题，真正知道要学的是什么！进而你炒股投资的真正期望才能实现。

为什么时刻清楚学习的目的，学习的本质后就能水到渠成？回头想想我们“望、闻、问、切”八步走是什么？

通过八步养成分析问题的习惯，提升分析问题的能力，抓到分析问题的本质，找到提升能力的突破口。比如之前讲的，到第三步时不知道干什么,但是通过对每一个问题“望、闻、问、切”,就能把问题各个击破，最终第三步该怎么走就摆在了眼前。

再比如不知道怎么买卖，通过“望、闻、问、切”，了解了自己想要什么样的操作，也找到了想要的这种操作的操作方法。一切的一切，缘起于市场,缘归于市场,不偏不倚,一切归于客观的“望、闻、问、切”。所以，这本书的重点不是哪一节，因为再精彩也不过是让你明白，你做到了第一节第二节的要求，真正懂得了“望、闻、问、切”八步走的重要性，这四节的功夫你就能炼就。怕就怕你不知道重点是什么，怕就怕你本末倒置，迷失在不该迷失的技术迷雾中，却把真正有用的丢掉了。

真正有用的是什么？是学会学习，是学会怎样学习炒股。什么是学会学习？是学习的能力。什么是学会怎样学习炒股？是学会从“望、闻、问、切”中学到炒股的方法，是培养你养成一种主动发现问题、解决问题的意识，是主动汲取营养的一种能力。

所以，重点怎么可能会是那四节中讲的某一类买卖方法？那不过是通过一类买卖方法，让你了解到“望、闻、问、切”八步走可以给你想要的一切。只要你按照“望、闻、问、切”八步走的引导走下去，就会找到你想要的“绿洲”。

太多同学把那四节讲的买卖方法当成了核心，迷失在一种技术性操作方法之中，知班长“然”不知班长“所以然”是可怕的。班长接下来就用个例子，先告诉你“望、闻、问、切”八步走的科学性，然后再证明给你看操作方法不只是班长讲的那一种。同时再告诉你，班长为什么不多讲几种方法。

学会学习，学会怎样学习炒股的核心是什么？班长讲的是技术，更是一种运用技术的技术（能力）。你抓到技术，就学会了这种技术方法，但是抓到了这种在“望、闻、问、切”里“求索”的技术方法，你就能自己学会各种技术。你想学什么样的技术，就可以向着那个方向去“望、闻、问、切”，就可以炼就。

怎么“望、闻、问、切”？问谁？你想要什么样的就去看什么类型的走势，观察相应类型的走势，观察前辈是什么样的，如此你就能自己解决问题而炼就你需要的技术。我们讲的操作方法，不就是这样“望、闻、问、切”得出来的吗？

比如，班长博客股池的初灵信息 300250，在 2014 年 1 月 6 日早参的股池操作计划里说的是：“新高、关注”，随后展开买入；然后持股至今，今天再收涨停。1 月 6 日股池说的：“新高、关注”，学习到此你应该看能懂了。但是按照 3、5、10 日均线并不有效，而股池按的止损线，持股线却不是课程中讲的。这说明什么？说明什么你先别着急。首先，操作预期不同，各种操作都可以，但是操作的本质殊途同归，都是获利。所以，操作方向上，也就是选择操作标的上，殊途同归。

这就是说选股的方向是不变的，但是操作方法是万变的。就像我们都要抓鱼，是都要去水里抓鱼，不可能去天上抓，但是到水里抓什么鱼，还看我们“织的是什么网”？织的网不合适，捕不到合适的鱼，那又有什么可惜？要可惜就可惜你还需要修炼，去通过“望、闻、问、切”八步走把这类也找到答案就是了。

那么，期待班长讲初灵信息吗？班长不会讲，但是班长给你讲了如何自己去找方法的学习方式。包括初灵信息在 2013 年 5 月下旬，7 月上旬的走势，用你所学的技术性技能，知道抓哪的，但是其他地方还有没有你感兴趣的？有了，你就要用你所学的“望、闻、问、切”八步走的技能去分析。

我们再随便看一股，图 3–3 利君股份。

如图 8–1 利君股份，1 的大阴线，2 区支撑里买进了该多好，但是

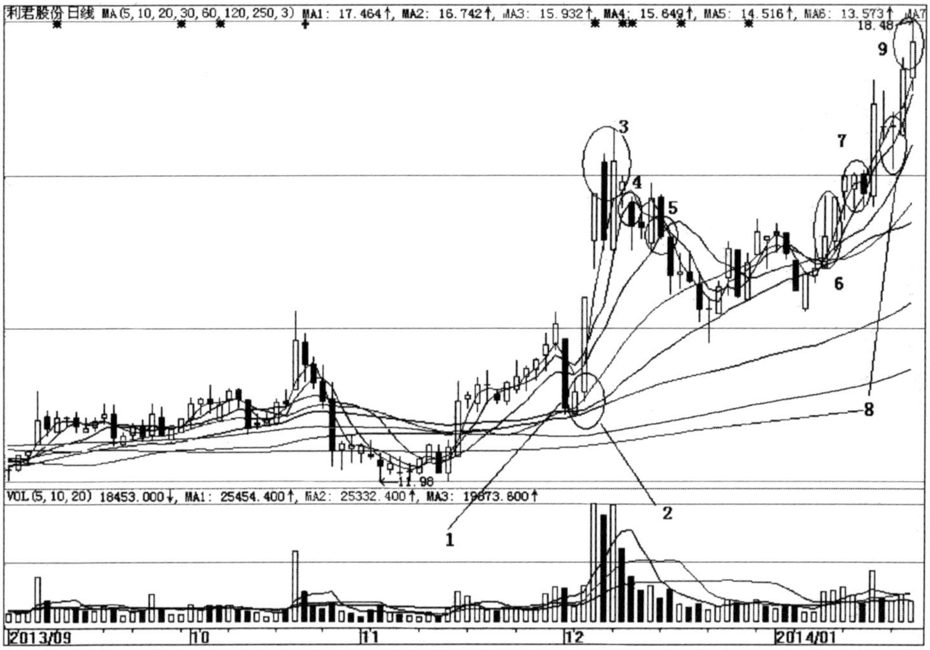

图 3–3　利君股份 002651

我们并不能未卜先知的知道它会在那支撑住，支撑住了也不知道会不会突破。不过，你想的是什么？是支撑住，是支撑后突破。赌有时候不可怕，可怕的是你不知道为什么而赌，可怕的是赌的筹码是什么你不知道。

“望、闻、问、切”的话，赌就成了真正的小赌怡情。不知道它会不会支撑住，支撑住了也不知道会不会突破，但是通过“望、闻、问、切”，你知道这种多头排列里下跳到重要支撑点，支撑住了就是最低点，利润丰厚。

那么，重要支撑点你就小赌怡情了。对了，最低点拿丰厚利润奖赏；错了，及时认赔走人。因为你知道你在赌，你知道你在赌什么，

你知道赌的没出现意味着什么，你知道赌错了没有不走人的理由，你更知道赌错了不走人的代价，赌还可怕吗？可怕的是对赌没有“望、闻、问、切”，不知道“赌”的是什么，不知道什么是“赌”。

当然，班长为什么要说这类？看起来比干脆的买卖点还让人兴奋。

但，这里是一处成功的走势，如果2这里没有支撑住而是大跌呢?

班长说这类只是让同学们明白，我们重点要学的不是围绕那四节讲的那一类买卖点，而是通过运用一类买卖点，让同学们养成一种能力，然后通过这种能力炼就多种买卖点。

回头再看3区，突破前高后按3、5日均线的话，3日均线买进的立即收益，5日均线买进的5区跌破止损也无伤大雅。最关键不是3、5日均线或5、10日均线或3、5、10日均线，而是一种活学活用的能力。无论你想怎么样，只要你知道你想干嘛就行，就能通过“望、闻、问、切”八步走找到解决病症的方子。

至于像图中的6区突破了，为什么不买?因为不符合我们的干脆买点。7区震荡为什么震荡?通过“望、闻、问、切”你知道为什么震荡，等到突破3区后的回调，完全符合了干脆买点，买进去就是拉升。这样的确很爽，但是学无止境，你想要的更多，就别想要还不想付出，只要付出，只要你通过班长讲的“望、闻、问、切”八步走，把干脆买点熟悉了,再回头用“望、闻、问、切”来学习抓住这种2区、6区的低点买法，或者你想要的其他战法，只要你运用这种步骤，都能达到你想要的。

而这相互寻求的过程就是融会贯通，即把各方面的知识和道理融化汇合，全面透彻的理解。当然，这仅仅是股票上，要如何把股票和生活融会贯通呢?依然是“望、闻、问、切”的八步走思路。比如生活中，你看到班长很生气,自己伴侣不开心,朋友工作不顺利或者自己很开心。我们也是可以通过“望、闻、问、切”来弄明白为什么生气，为什么不开心,为什么不顺利,缘何很开心。无论是生活里还是股市里的喜或忧，通过“望、闻、问、切”了解真相，疏通气脉，找到症结，对症下药，就能解决、克服、平复。比如觉得自己炒股不淡定，看见涨停或跌停就激动或难受的不得了，问问自己为什么会这样，找到症结原因是在意料之外所以才会惊喜或者惊呆，为什么是意料之外? 是你预期不到，认识不够，或者是完全没有去预想，没有想那么多，那么以后你应该怎么做，应该怎么想，按照步骤一步一步去做到，你怎么会不从容，你又怎么能不淡定？

宠辱不惊，看庭前花开花落；去留无意，望天上云卷云舒。这是一个会“望、闻、问、切”的操作者很容易达到的境界，只是道路有多宽，看你怎么拓展，能不能做到随处都是“望、闻、问、切”。

这是最高的学习目标吗？开始学习本书前你真正想要的是什么？班长讲完学会学习，但留给同学们的路还很长，是通过“学会学习”这本书的手指指出方向，走下去，就能达到你想要的一切！

班长的释疑和激励

同学说：“望”，班长生气了；“闻”，班长怎么生气的，生气的特征是什么——吹胡子瞪眼，不回答问题；“问”，班长这样生气的原因是什么——同学没认真听讲，不做功课；“切”，怎样才能让班长不生气？——学会学习！

班长点评：怎么学会学习？接下去，找到最终的落点。

同学说：班长讲的是授之以渔，捕到捕不到看你自己，班长的课只是火种，燃不燃烧还得看你自己。

班长点评：有“有限”的鱼，就是一类干脆的买点；但是“无限”的渔要不要，抓不抓得住，是看自己。从“有限”的鱼回到全书的目标。别迷失在“有限”的鱼，抓到了“有限”的鱼，别忘了本书的出发点，回到本来的位置。

在后面同学们首先要先复看一遍，看的过程中把要点都动手列出来；其次是通过实例去巩固理解课程；然后通过实践来吸收，吸收过程中的疑难杂症随时可以发给班长，班长会逐一回复，班长的 QQ 号 857985995，微信公众号：短线王国；最后就是通向那荣辱不惊的诗意目标的路上不会很诗意，需要的是你的汗水，付出吧同学们，上路吧同学们！

同学说：很惭愧，班长说的诗意的路也是我的QQ签名，可是我知道我离那条路距离有多远。

班长点评：怎么会远呢？通过“望、闻、问、切”八步走，起码操作上的诗意近了吧？一笔操作的诗意目标不远吧？

诗意大目标，有无数个诗意的小目标组成，一件一件地做好，不断地完善品种，大目标就不知不觉在完成小目标中完成了。

同学说：“望、闻、问、切”，让人有像医生的感觉。

班长点评：求人不如求己，自己当自己的医生。

同学们的功课与班长点评摘录一

一位同学对太阳纸业的八步分析，第一、二步，看走势的涨、跌、盘的特征和分析原因（图3–4至3–6）。

走势中2、4、6、8、10、12、14是上涨的高点。1、3、5、7、9都是下跌后的盘整。11、13是下跌的低点，15也是，6区既是上涨的中的高点也是盘整。

首先1区下跌后出现了盘整，并出现了长长的下影线，然后在这个位置展开震荡，选择在这里震荡不是没有原因的，那是因为前面下跌的趋势低点，3.95元附近（当然也可能撑不住）。2和4、3和5分别是1区的震荡高低点，当然2和4没有突破30日均线和60日均线，也是有原因的，那就是左侧f线压力，经过2和4的两次释放压力选择向上突破也就是6区，为什么6区突破后没有大涨而是震荡？向左看，那是因为e线压力，6区遇到压力后没有大跌而是选择震荡，也表明了主力的方向。结果真的是在年线处获得支撑，向上突破来到8区，到了8区

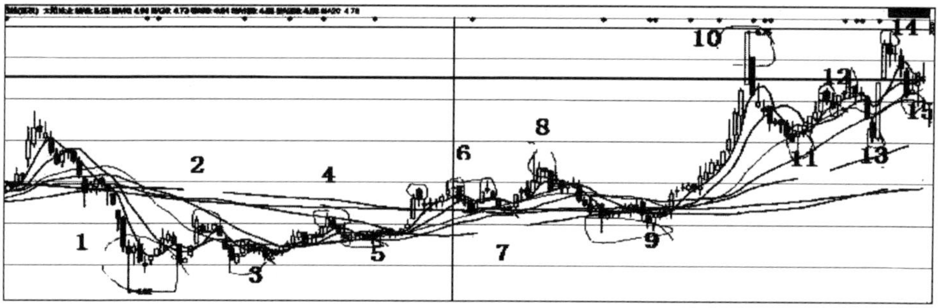

图 3-4　太阳纸业 002078（1）

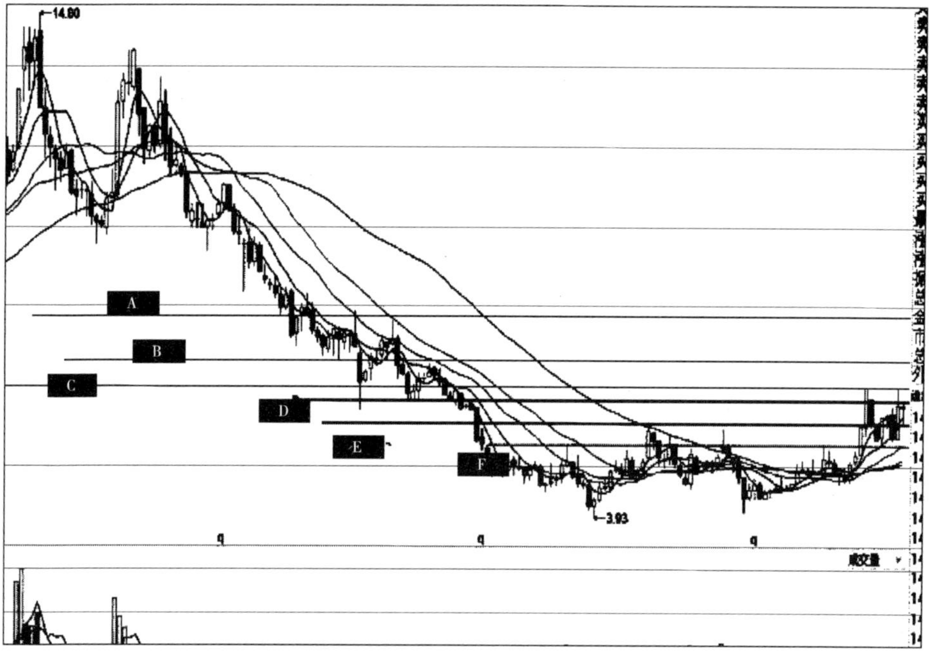

图 3-5　太阳纸业 002078（2）

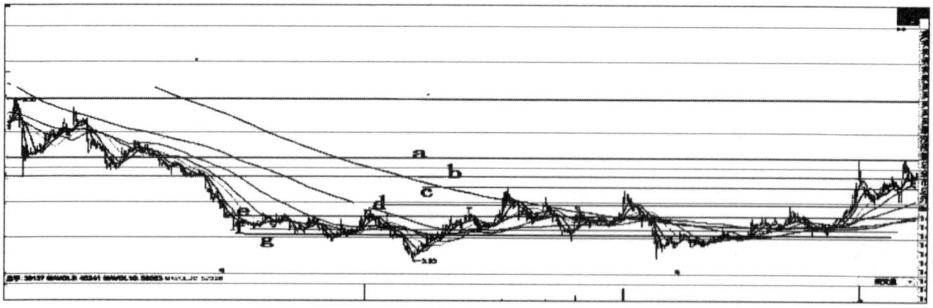

图 3-6　太阳纸业 002078（3）

后也没有大涨，出现了长长的上影线，K线告诉我们压力很大，震荡几日后选择了下跌，可这次下跌为什么这么猛烈？我们向左看也就是d线处，3个高点是多次突破未果，回落后跌破所有均线，在9区出现长长的下影线获得支撑，然后选择在这里震荡，这时的均线已经由空头排列转换为多头排列，然后在9区震荡黏合，最终向上突破，开始每根K线都出现了上影和下影线，说明上有压力下有支撑但股价不断抬高，有表明了主力的意图。它就像一只飞机起飞的过程越来越快，最终来到了10区，出现了光头光脚大阳线，阳极而阴出现了下跌，为什么选择在这里下跌？我们来看周线图，c区的位置，原来又遇到了一个箱体，出现了大幅下跌。来到11区出现了长长的上影线和下影线，为什么能在这里支撑住。我们向左看，d线阻力区现在是支撑区，也就是8区，前边曾经在8区出现过大跌，说明这里压力很大，现在说明支撑很强（当然这只是相对而言，再强的支撑也可能支撑不住）。然后反弹遇阻于b线压力区回落，又在d线区和60日均线上方获得支撑，放量上攻，来到14区也是10区高点，继续回落到15区，15区是小c线支撑也是30日附近，获得支撑拉出长下影，后来出现了一根长上影和短下影十字线。

班长：第一步、第二步连贯起来是很不错的，但还要多借助些例子多练习步骤。

第三步，在走势的涨跌盘中我们能做些什么？凭什么做？

1区止跌后震荡整理，均线空头排列这里显然没什么好看的（班长：一语中的，很清晰的思路）。直到突破所有均线来到6区，选择在年线上震荡，这里当然可以买进，但我看到了d线压力，还是选择观望（但这里已经引起重视）（班长：这里的认识更是清晰明确，操作就应该是这样，清清楚楚、明明白白地知道自己在干什么），下来就是9区在这里选择震荡，这里是2和4高点附近，也是大f区压力，这里能买吗？由于这里多次突破未果，并且跌破所有均线，虽然均线黏连但也保证不了f区支撑得住，还是看看吧。

接下来就是突破所有均线，在6区震荡，这里就不一样了，因为他再一次站上均线，均线黏连，并且压力强大的f线也就是小e线阻力已被6区和8区释放多次（当然有了这些也不能保证能够向上突破，但突破的几率已经很高）。所以在回踩5日均线和10日均线线时买入，止损120日均线和年线处，仓位比率3 : 4。然后到了10区出现光头光脚大阳线，这里我不会卖出，因为这种气势应该还会上涨，这只是我的猜想所以还有制定好止盈措施（班长：对，时刻明白什么是自己的猜想，什么才是市场交易的依据，把猜想、觉得、应该和实际交易执行分开来。这样的交易思维需要多通过一些例子来加深印象，才能在实际交易中做到游刃有余。）由于股价远离均线，并且它已突进了另一个箱体，所以设置止盈3日均线一半和5日均线一半。

然后到11区，虽然这里下方有d线强支撑但也可能支撑不住，选择观望，直到13区再一次支撑住向上突破来到10区又一次冲高回落，这次在e线支撑区获得支撑，这里我选择买入因为在10和14两次释放c压力后，很可能向上突破，策略是回踩b线和c线买入比率6:4，止损破c线和30日线，向上空间b线。

第四步，通过以上走势的“望、闻、问”我发现走势中只有突破8区压力后才走的干脆，那也是在9区向上突破所有均线后，在5日均线和10日均线买入才干脆，才完美（班长：一例如此，其他股票走势上是什么样的呢？还需要加大功课）。

第五步，从望里发现走势上涨和下跌都是层层递进的，每次遇到阻力后，很少能一次突破，都是反复刺探才会通过，股价永远朝着阻力最小的方向前进，并且每次上涨下跌都是有因才有果的，你看如果没有2和4的刺探释放压力就没有6区的突破，没有6区也不可能有8区，没有8区更不可能有10区的大涨，当然我所说的这些都不是绝对的，都是大概率（班长：层层递进的视线也只有反复通过大量例子，才能真正的意识到层层递进的可贵之处，你已经看到了，到需要真正掌握到层层递进的可贵之处，还需要勤加练习）。

第六步，我们可以借用这些大概率，以小的付出换取大的收获。

比如在 9 区，在长下影获得支撑后震荡再次震荡到下影附近，就可以买入一部分，但是这是在做好防范措施的情况下，因为这里也有可能支撑不住，再向上突破所有均线后的回踩再买入剩下部分，在第一次买入后以 9 区最低点做止损，突破后以年线和半年线做止损。还有在 11 区获得支撑后在 13 区选择买入，止损 60 日均线这都是以小的损失换大的收获的大概率事件（班长：为可为之事是一种能力，有些操作不是不可为，而是不知，一旦知道了又有什么不可为？正如你第一段的比如，关键在自己对走势和操作的认识！而这一部分，就需要操作者自己多去“望、闻、问、切”，掌握一切，了如指掌，知己知彼百战百胜）。

第七步，以往我就是太懒，从不愿意动笔。以前我也是找压力和支撑区，绝没有像这样从头到尾分析下来生动、鲜活，并且脑子里总幻想走势，并根据幻想进行操作，而且非常怕踏空。对于好心态也没有现在理解的这么真实和透彻（班长：对的，好心态不是心态而已，是认识是能力，是知行合一，加油，再多做些功课，你会更进一步的。）

第八步，只有像这样把走势从头到尾分析一遍，才能读懂走势，只有把自己每一次的操作和当时的想法记录下来，才能看到自己的短处，在以后的操作中不断完善。才能有真正的好心态，也只有这样才能把走势里的知识一点一滴地记录下来（班长：认识到了就要坚持，坚持做下去，也许做一次功课的效果微乎其微，但坚持下去你会有意想不到的“大突破”）！

同学们的功课与班长点评摘录二

汉鼎股份的八步分析。第一、二 步，看走势的涨跌盘的特征和分

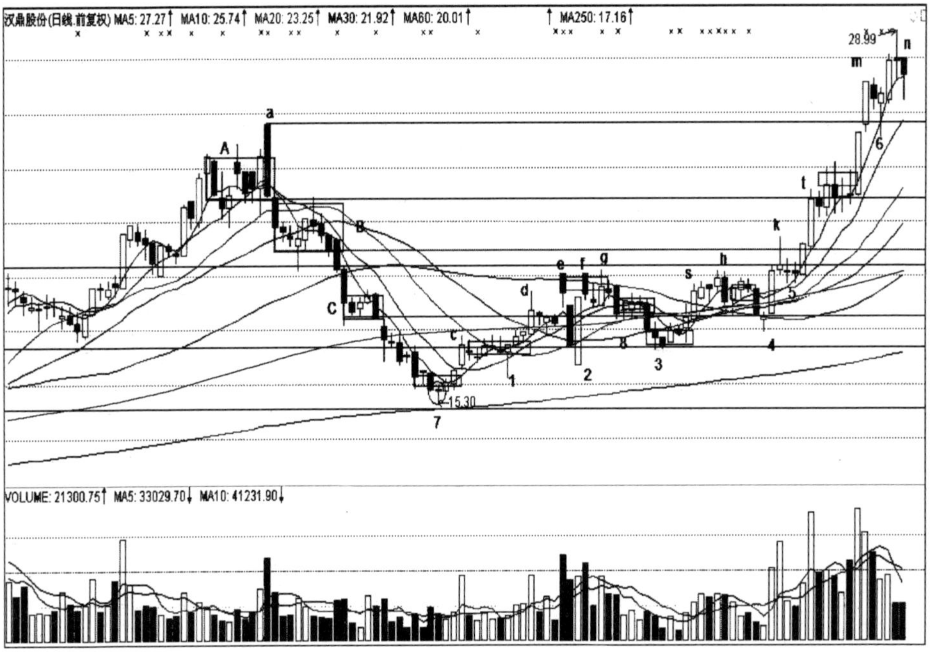

图 3-7　汉鼎股份 300300

析原因（图 3-7）。

小写是涨，数字是跌，框是盘整（e、f、g 和 d、k 后边的也可以认为是盘整）。a 创历史新高后冲高下跌，破 a 盘整区反抽形成 b 区，破 b 下跌反抽形成 c 区。之后沿 5 日均线缓跌，下跌盘整的节奏，很有规律，终于在年线 7 区位止跌（也是前期的一个头部支撑位）。反弹到 c 点遇到 20 和 120 日均线死叉的压制，留下小上影线，盘整消化压力（可见众多的上影线），整区温和放量，略向上；1 区位在 7 区位上方盘整区获得支撑，上涨到 d，留下上影线，通过向前看，发现压力来自 c 区和 60 日均线，盘整遇密集均线支撑（阴逐日缩量，阳放量，收下影线），高开突破 60 日均线回落（e 为放量假阴线），快速跌破密集均线，在快速跌破密集均线和 1 区前低的共振下，低开高走，收光头光脚的涨停板大阳线，收复密集均线；顺势 f 第二次高开过 60 日均线，遇阻回落（f 也为放量假阴线）；遇密集均线支撑第三次放量上突 60 日均线，受到 b 区压制，留下上影线，为g点，在60日均线下收盘。e、f、g高点一个比一个高，跃跃欲试，但受b区和60日均线压制，无力突破，回落在8区遇20、60日均线支撑缩量盘整，逐日缩量跌破密集均线，在3区位获得支持（也是c、d盘整区），重新突破所有均线和前期小平台，留下带小上影线的k线s，在下有支撑的情况下，温和放量带小上影（说明有压力）小涨到h，受到e、f、g高点和b区压制，不能放大量的情况下（e、f、g区的量较s、b区大），后撤再次缩量跌破密集均线，在4区位获得支持，放量大涨收复密集均线，创出反弹新高收长上影K线，K受到b区压力缩量回调。1、2、3、4（受到前面盘整区的支撑）的低点逐个抬高，稍作盘整，5、10、20、30均线开始有序多头排列，破5日均线后便倍量上涨至t区位，遇a区的压力位盘整，收上下影的K线，低点逐个抬高，高点逐个抬高，破5日均线不破10日均线后倍量上涨至m区位，量跟不上，回踩前高a，受到a区顶和10日均线支撑上涨到n区位，无量再次回落。

第三步，问自己在走势的涨跌盘中能做什么？凭什么这么做？

7区是最低点，虽有支撑，但同期创业板、大盘并不好，不确定，放弃为好；经过c、d、e、f、g上涨，当s区位出现可重点观察。k创出新高，冲高回落盘整但均线多头排列，涨放量跌缩量，并且经过c、d、e、f、g的反复释放压力，可以逢5、10、20日均线处低接并且设好止损位。t后的盘整，是强势盘整，a为压力位，以逢5、10日均线处低接并且设10日均线止损，赢损比大于5:1，可操作。m光头创新高，均线多头排列，涨放量跌缩量，从5上涨以来，未破过10日均线，逢5、10日均线处低接并且设10日均线止损。n后的下跌关注，①缩量新高；②n是长上下影线；③创业板指数大涨，它下跌；④k、d、j高位死叉，m、a、c、d红柱缩短；⑤均线过发散，从7区位基本翻倍；⑥这股是先创业板回调，上涨的，是否操作要看到a区后的支撑情况。至于4区位和它之前的所有盘整下跌，因为处在密集均线之下，没有操作价值，观察就行。

班长：是的，不是所有的走势都有操作价值，不是所有的买点都有操作价值，“望、闻、问、切”可贵之处的其一，就是让操作者自己从走势里认识到有些走势和买点，只配操作者观察，不配你去操作！

第四步，通过以上的望闻问后，在这样的走势中，我怎么才能做到简单干脆有效的操作呢？答案就是通过以上 3 不，自然而然就浮出水面了，只有在 k、t、m 创新高下来的多头排列回调买才能干脆有效。

班长：是的，真正有效的买点就是那么浅显，只要你做好功课了，有效的买点自然而然会浮现在你面前。

第五步，从望里发现了什么知识、规律、特征？

该股节奏很强，很有规律，涨放量跌缩量，创新高回调，层次递进，价格趋势明显，要关心趋势。从望里发现的知识、规律、特征是果，因为第六从前辈以前的走势中才能闻出结第五的果的原因，才能在自问自答中发现前辈真正的规律特征，并且把他们转化成为对自己有用的知识，并且也只有把它们都写下来，总结好，不断的去重复“望、闻、问、切”（学习）才能真正成为自己的。

班长：这股是这个类型，其他类型呢？如果再选一些其他类型做做功课，收获会更多，做了功课再实践后再做功课又会有不一样的体会，剩下的路还需要自己一步一步马不停蹄地走下去。

第七步，平常自己的交易并不理想，问题就出一是没有仔细的“望、闻、问、切”，没有仔细的听前辈在说啥，往往局限于很小的视野；二是选的股票太多、太杂，有所为有所不为；三是止损止盈不坚决。

班长：你说的这些只是问题的表象，产生这些问题的本身是什么呢？以后怎样做才能避免产生问题本身的因素呢？

第八步，只有多多的练习“望、闻、问、切”，多反思，多记录，才能促使自己认识到自己的短板，才能不断的发现新的问题，才能继续进步。写，一定要记录下来才行，看到一只股，只从脑海里“望、闻、问、切”一般是不行的，最起码对于现在的我来说是不行的，原因就像班长说的，那只是零碎的不连贯的残片，既然不是系统连贯的肯定会导致操作中出现各种各样的状况。

今天终于认真的拿笔写下来，写完后感觉确实不一样，感谢班长这么用心的教！之前虽说也参加各种学习，但入市几年了，还是门路不清，还请班长给看看这篇功课是否合格。谢谢！

班长：正如你所注意到的要点“那只是零碎的不连贯的残片，既然不是系统连贯的肯定会导致操作中出现各种各样的状况”，还需要加强两方面，一是复习多看几遍，一点一点的对着过一遍，二是自己选一些例子根据复习的知识，自己一点一点的过一遍。相信待你做完，感觉会再次不一样，而且是很不一样！

结束语

一辈子走好一条路

有两个西班牙人，一个叫布兰科，一个叫奥特加。虽然他们同龄，又住的很近，但家境却相差很远。布兰科的父亲是一个富商，住别墅，开豪车。而奥特加的父亲却是一个摆地摊的，住棚屋，靠步行。

从小，布兰科的父亲就这样对儿子说："孩子，长大后你想干什么都行，如果你想当律师，我就让我的私人律师教你当一名好律师，他可是出名的大律师；你如果想当医生，我就让我的私人医生教你医术，他可是我们这里医术最高的医生；如果你想当演员，我就送你去最好的艺术学校学习，找最好的编剧和导演来给你量身定做角色，永远让你当主角；如果你想当商人，那么我就教你怎样做生意，要知道，你老爸可不是一个小商人，而是一个大商人，只要你肯学，我会将我的经商经验全都传授给你！"

奥特加的父亲则总是这样对儿子说："孩子，由于爸爸的能力有限，家境不好，给不了你太多的帮助，所以我除了能教你怎样摆地摊外，再也教不了你任何东西了。你除了跟我去学摆地摊，其他的就是想也是白想啊！"

两个孩子都牢牢地记住了自己父亲的话。布兰科首先报考了律师专业，还没学几天，他就觉得律师的工作太单调，根本就不适合他的性格。他想，反正还有其他事情可以干，于是，他又转去学习医术。因为每天都要跟那些病人打交道，最需要的就是耐心，还没干多久，他又觉得医生这个职业似乎也不太适合他。于是，他想，当演员肯定最好玩，可是不久后，他才知道，当演员真的是太辛苦了。最后，他只得跟父亲学习经商，可是，这时，他父亲的公司因为遭遇金融危机而破产了。最终，布兰科一事无成。

奥特加跟父亲摆了几天地摊后，就哭着不肯去了，因为摆地摊日晒雨淋不说，还常遭人白眼。可是，一想到除了摆地摊，再也没别的事可干，他又硬着头皮跟父亲出发了。可是，还没干几天，他又受不了了，又吵着闹着不肯去了。因为没事可干，不久，他又跟着父亲出发了。

慢慢地，他竟然从摆地摊中发现，要想永远摆脱摆地摊的工作，就得认真地将地摊摆好。结果，几年后，他终于拥有了自己的专卖店。30年后，他拥有了属于自己的服装集团。如今，该集团在世界68个国家中总计拥有3691家分店，一跃成为世界第二大成衣零售商。奥特加以250亿美元个人资产，位列《福布斯》2010年世界富豪榜第9位。

面对选择，无论是人生的哪条路，人，都应该认准一条路，坚持走下去，才能最终获得成功。

这期间随着同学们的功课，看着一步步“望、闻、问、切”的质量越来越高，看着同学们的质变是很开心的事情。当然，也有的同学因为班长讲的还是不够通俗易懂，显得学习效果不佳，加之个人缺乏坚持的毅力，显得进步不大、收获甚微。事实上，没有哪一种捷径可以一劳永逸，必要的付出是必不可少的，你若想去向远方，就必须主动起来，主动从你绝不停下向前的脚步开始，否则就是坐以待毙！